Franz Specht

Die schöne Frau Bär

Falsches Spiel mit Carsten Tsara

Deutsch als Fremdsprache
Leseheft
Niveaustufe B1

Hueber Verlag

Worterklärungen und Aufgaben zum Text:
Sandra Evans, Frankfurt

Zeichnungen:
Gisela Specht, Weßling

| 6. | 5. | 4. | | Die letzten Ziffern |
| 2021 | 20 | 19 | 18 | 17 | bezeichnen Zahl und Jahr des Druckes. |

Alle Drucke dieser Auflage können, da unverändert,
nebeneinander benutzt werden.
1. Auflage
© 2007 Hueber Verlag GmbH & Co. KG, Ismaning, Deutschland
Umschlaggestaltung: creative partners gmbh, München
Umschlagfoto: © Bildunion/Gernot Krautberger
DTP: Satz+Layout Fruth GmbH, München
Druck und Bindung: Friedrich Pustet GmbH & Co. KG, Regensburg
Printed in Germany
ISBN 978–3–19–001667–9

Art. 530_07443_001_04

1

Carsten Tsara steht im großen Flur der Detektei Müller und holt sich eine Tasse Kaffee. Er möchte gerade noch etwas Milch dazugießen, da steht *Sie* plötzlich neben ihm. Er hat die Frau noch nie vorher gesehen. Sie ist Ende zwanzig, groß und schlank. Sie hat dunkle Augen, einen roten Mund, lange braune Locken und trägt ein elegantes weißes Kleid.

Sie schenkt ihm einen kurzen, prüfenden Blick, während Frau Heilmann, die Sekretärin der Detektei, an ihr vorbeigeht und die Tür zu Verena Müllers Büro öffnet.

„Bitte schön, unsere Chefin erwartet Sie."

Dann macht sie die Tür wieder zu. Die Frau in dem weißen Kleid ist weg. Nur ihr Parfüm ist noch da.

Carsten Tsara schließt die Augen und holt tief Luft.

Irgendwo beginnt ein Telefon zu klingeln.

„Aufwachen, Herr Tsara!", sagt Frau Heilmann. „Ihr Kaffee wird kalt."

„Sehr lustig!" Eine bessere Antwort fällt ihm nicht ein. „Können Sie mir sagen, ..."

„... wer das ist?", ergänzt die Sekretärin.

„Ja!"

„Geh'n Sie doch einfach ran. Dann wissen Sie's."

„Ich soll ... *rangehen*?"

„Das ist doch Ihr Telefon, oder? Das Klingeln kommt aus Ihrem Zimmer."

„Sehr lustig!", wiederholt Carsten Tsara. „Sie wissen genau, wen ich gemeint habe."

„Natürlich!"

„Also?"

Das Telefon klingelt und klingelt.

„Wer ist denn hier der Detektiv? Sie oder ich?"

„Vielen Dank!", brummt Carsten Tsara und geht in sein Büro.

„Bitte!", sagt Frau Heilmann.

2

„Detektei Müller, Carsten Tsara? …

Carsten Tsara hat die Kaffeetasse in der einen Hand und das Telefon in der anderen.

„Ach, Herr Schneider …"

Er schließt die Tür seines Büros. Für einen Moment hält er die Tasse nicht gerade. Kaffee läuft auf den Boden.

„Ja, ich weiß, aber ich bin noch nicht ganz fertig …"

Er stellt die Tasse auf den Schreibtisch.

„Einfach? … Also, ich finde, dieser Fall ist ziemlich schwierig …"

Er holt ein Papiertaschentuch aus der Hosentasche.

„Nein, ich brauche keine Hilfe … So schwierig ist es nun auch wieder nicht."

Er macht den Boden sauber und wirft das Taschentuch in den Papierkorb.

„Nein, Sie müssen nicht mit Frau Müller sprechen … Ich bin ja fast fertig."

Er nimmt ein zweites Taschentuch, legt es auf den Schreibtisch und stellt die Tasse darauf.

„Das Ergebnis? … Äh …"

Er schiebt das Taschentuch mit der Tasse über den Kaffeerand auf dem Schreibtisch. „Sagen wir: Montag … Montagnachmittag."

Jetzt ist alles wieder sauber.

„Ja, Herr Schneider, ganz sicher! … Bis dann! … Tschüs!"

Er wirft das Telefon auf den Tisch.

Das Telefon knallt gegen die Tasse. Der Kaffee läuft über.

„Ich will nach Hause!", ruft er.

3

Seit seine Chefin ihm vor vierzehn Tagen den ‚Fall Schneider' aufs Auge gedrückt hat, macht ihm die Arbeit in der
Detektei Müller überhaupt keinen Spaß mehr.

„Er ist Unternehmer, ein wichtiger Mann. Er hat ein drin- 5
gendes Problem. Ich hab's nicht ganz verstanden, irgendwas
mit einer Konkurrenzfirma. Du findest alle Informationen
da drin", hat Verena Müller gesagt und Carsten Tsara dabei
drei dicke schwarze Aktenordner auf den Tisch gelegt.
„Dieser Schneider kann für uns noch mal sehr wertvoll 10
sein. Er hat viele wichtige Beziehungen. Du musst diese
Sache möglichst schnell und gut lösen, Carsten."

Carsten Tsara hat einen der Ordner genommen und kurz
reingeguckt: Hunderte Seiten Akten mit Tausenden von
Zahlen und Tabellen. 15

„Muss ich das *alles* durchlesen?", hat er gefragt.

„Durchlesen, vergleichen und analysieren", hat sie
geantwortet.

„Verena, wir kennen uns jetzt seit über zehn Jahren. Ich
hasse Papierkram!" 20

„Ja, ich weiß."

„Du hast sieben Leute hier, die das machen können.
Warum gibst du ausgerechnet mir diesen langweiligen
Schreibtischjob?"

„Die Sache ist gar nicht so uninteressant, wie du meinst. 25
Versuche es doch einfach mal!"

„Nein, ich will ... ich kann nicht!"

„Papperlapapp! Meine Mitarbeiter können alles. Und damit basta!"

Mit diesen Worten hat Verena Müller ihn mit dem Fall 30
Schneider allein gelassen.

Er hat die Ordner genommen und ins Regal gelegt. Ich
fange morgen an, hat er gedacht. Diesen Satz hat er seither
jeden Tag wie ein Gebet wiederholt:

Morgen fange ich an. 35

Nach einer Woche hat Herr Schneider zum ersten Mal angerufen.

„Haben Sie schon ein Ergebnis? ... Warum dauert das so lange? ... Wann sind Sie endlich fertig?" Es war ein ziemlich peinliches Gespräch.

Morgen muss ich wirklich anfangen, hat Carsten Tsara danach gedacht. Am Tag darauf hat er wieder nur sein Gebet gesprochen und die Akten im Regal gelassen.

Aber jetzt gibt es keine Ausrede mehr. Er muss endlich seine Arbeit machen. Er muss! Am liebsten möchte er die Ordner in den Papierkorb werfen und weglaufen.

Aber wohin?

Nach Hause?

Dort ist es auch nicht besser als hier im Büro, denkt er. Es ist ja nicht nur die langweilige Arbeit, die so nervt. Es ist alles, das ganze Leben. Himmel noch mal, ich glaube, ich komme in die *Midlife-Crisis*!

Er geht zum Fenster und sieht auf die Straße hinunter.

Tja, übermorgen werde ich fünfunddreißig. Die besten Jahre sind schon vorbei.

An der Bushaltestelle steht ein junges Liebespaar.

Wie war das vor fünfzehn Jahren?

Wie habe ich mir die Zukunft vorgestellt, damals?

Spannender Beruf, große Erfolge, schnelle Karriere, glückliches Privatleben.

Er sieht zu den drei Ordnern im Regal hinüber und seufzt.

Ich muss, denkt er.

Da geht die Tür auf, und ein kleiner, rundlicher Mann mit Brille guckt ins Zimmer.

„Hey, sag mal, kannst du nicht anklopfen?", fragt Carsten Tsara sauer.

„Tut mir leid, Carsten", antwortet sein Kollege Walter Braun. „Verena will uns sehen. Wir sollen alle zu ihr rüberkommen."

4

Schade, denkt Carsten Tsara, als er in Verena Müllers Büro kommt. Die Frau in dem weißen Kleid ist nicht mehr da. Er hätte sie gern noch mal gesehen.

Fast alle Mitarbeiterinnen und Mitarbeiter der Detektei 5
Müller sind im Raum: Barbara Hendriks, Katja Vormstein, Walter Braun, Max Petrovic, Olaf Bonhorst, Heiner Lewandowski und Carsten Tsara. Nur Frau Heilmann fehlt.

Auf Verenas Schreibtisch liegen ein paar Briefumschläge und Fotografien. 10

„Ich möchte nur ganz kurz etwas mit euch allen besprechen", sagt Verena Müller. „Es geht um eine neue Klientin." Sie nimmt eines der Fotos und hält es hoch.

Hey, da ist ja die Schöne!

„Sie heißt Veronika Bär ..." 15

Ein hübscher Name.

„... und hat Probleme mit einem Stalker."

Ein Stalker? Wow! Das klingt endlich mal nach einem interessanten Fall.

„Und was sind das für Probleme?", fragt Barbara 20
Hendriks.

„Der oder die Unbekannte macht unbemerkt Fotos von ihr. Hier, seht euch das mal an!"

Verena Müller nimmt die Bilder vom Tisch und zeigt sie ihren Mitarbeitern. Auf allen Fotos sieht man Frau Bär. 25
Einmal im Café, dann am Bankautomaten, im Swimmingpool, auf dem Balkon eines Hauses und am Lenkrad eines roten Sportwagens.

„Das sind Computerausdrucke, oder?", fragt Max Petrovic. 30

„Richtig, Max", antwortet Verena Müller und deutet auf den Schreibtisch. „Frau Bär bekommt sie mit der Post, in solchen einfachen weißen Umschlägen."

Carsten Tsara nimmt einen der Briefumschläge. ‚Veronika Bär, Parkallee 7, 80639 München'. Die Adresse ist mit 35 dem Computer aufgedruckt. Darüber ist eine Briefmarke. Er dreht den Umschlag um. Die Rückseite ist leer.

„Ist da kein Brief mit dabei, kein Text, kein … gar nichts?", fragt Walter Braun.

5 „Nein. Immer nur der Umschlag und das Foto."

„Und sie hat überhaupt keine Idee, wer der Absender sein könnte?", fragt Barbara Hendriks. Verena Müller schüttelt den Kopf.

„Überhaupt keine."

10 „Das finde ich ungewöhnlich", sagt Max Petrovic. „Wie kann sie da so sicher sein? Man lernt im Leben doch sehr viele Leute kennen."

„Genau", sagt Katja Vormstein. „Und gleich noch eine Frage: Warum kommt sie zu uns? Ein Stalker, das ist doch

15 eigentlich ein Fall für die Polizei, oder?"

„Das habe ich sie auch gefragt", sagt Verena Müller.

„Und?"

„Sie möchte nicht, dass die ‚Bullen' in ihrem Leben herumschnüffeln."

20 „Die Bullen? Hat sie das wirklich so gesagt?", fragt Olaf Bonhorst. „Das klingt aber gar nicht gut."

Aber nein, denkt Carsten Tsara, das klingt spannend.

„Olaf hat recht", meint nun auch Heiner Lewandowski. „Der Fall könnte ziemlich schwierig und unangenehm wer-

25 den."

Max Petrovic nickt.

„Schwierig?" Carsten Tsara schüttelt den Kopf. „Also, ich finde die Sache ganz einfach. Wir müssen doch nur einen Typ finden, der mit dem Fotoapparat hinter der Frau her

30 ist. Dann löst sich die Sache wie von selbst."

„Optimist!", ruft Heiner Lewandowski.

„Na schön", sagt Verena Müller. „Wer möchte die Arbeit übernehmen?"

Barbara Hendriks und Carsten Tsara melden sich.

35 „Ach, das habe ich vergessen", sagt Verena Müller. „Frau Bär möchte einen Mann für den Job."

8

„Na, dann ist ja alles klar", freut sich Carsten Tsara. Aber seine Chefin hört ihm gar nicht zu.

„Walter?", fragt sie. „Hast du im Moment noch was frei?" Walter Braun guckt in seinen Terminkalender.

„Mal sehen. Morgen ist Freitag. Nein, da kann ich nicht. Bei mir geht es erst wieder ab Montag." 5

„Montag reicht. Aber ruf sie vorher wenigstens schon mal an."

„Ja, gut, das kann ich morgen Vormittag machen."

„Dann ist das also klar. Vielen Dank, Kollegen!" 10

Die Mitarbeiter verlassen das Büro. Nur Carsten Tsara bleibt auf seinem Stuhl sitzen. Was ist hier los? denkt er. Ich hab mich gemeldet und Walter hat sich nicht gemeldet. Aber er bekommt den Fall. Bin ich im falschen Film, oder was? 15

„Du, Verena", beginnt er, „ich …".

Aber Verena Müller lässt ihn nicht weiterreden.

„Was ich dich schon seit Tagen fragen wollte, Carsten: Der Fall Schneider …"

„Ja?" 20

„Wie weit bist du denn damit?"

„Ziemlich weit."

„Und wann bist du fertig?"

„Bald."

„Aha. Na, dann mach mal!" 25

5

Aber Carsten Tsara kann für Herrn Schneider heute nichts mehr tun. Er hat jetzt erst mal eine wichtigere Aufgabe: 30 Veronika Bär und ihren Stalker. Mit so einem ernsten und gefährlichen Problem kann man die Frau doch nicht einfach bis nächste Woche warten lassen, oder?

Ach, es ist wunderbar, endlich wieder draußen und unterwegs zu sein, zum Beispiel hier in Nymphenburg, 35 einem schönen Stadtteil im Münchner Westen. Hier sind die Straßen besonders sauber, die Bäume besonders grün und die Wohnungen besonders teuer.

Sie muss Geld haben, denkt er, während er die Parkallee entlanggeht.

5 Dann steht er vor einer großen Villa, sieht die Hausnummer 7, das goldene Türschild mit den Buchstaben V. B., die Doppelgarage und korrigiert seinen Gedanken: Sie muss richtig reich sein.

Er klingelt. Keine Reaktion. Er blickt auf die Uhr. Es ist
10 kurz nach sechs.

Auf der gegenüberliegenden Seite der Straße ist ein kleiner Park mit einem Kiosk und einem Kinderspielplatz. Er geht hinüber, kauft ein Päckchen Kaugummi und setzt sich auf eine Bank.

15 Von hier aus kann er die Villa gut sehen. Ab und zu gehen Leute daran vorbei, aber niemand bleibt stehen. Niemand kommt ein zweites Mal. Niemand sitzt in einem der parkenden Autos. Niemand beobachtet das Haus.

Nur er selbst.

20 Ach, sieh mal, da oben im ersten Stock: Das ist doch der Balkon, der auf einem der Fotos zu sehen war, oder? Der Stalker könnte es von hier, vom Park aus gemacht haben.

Aber da war auch noch ein Bild mit Swimmingpool. Wo
25 ist denn der Pool? Den kann man von hier aus nicht sehen.

Carsten Tsara steht auf, wandert hin und her, nach links und nach rechts. Er geht über die Straße, steigt auf ein Fahrrad, das vor der Gartenmauer der Villa steht, blickt über die Mauer, klettert wieder herunter, kommt in den
30 Park zurück und setzt sich auf die Bank.

Dann steht er wieder auf und geht zum Kiosk.

„Entschuldigen Sie?"

Der Mann vom Kiosk ordnet Zeitungen.

„Sie sehen hier bestimmt so einiges. Hab' ich recht?"
35 Der Mann sieht Carsten Tsara an und nickt.

10

„Haben Sie hier in letzter Zeit jemanden beobachtet, der seltsame Dinge macht?"

Der Mann öffnet kurz den Mund, macht ihn aber gleich wieder zu.

„Jemand, der sich besonders für diese Villa interessiert?" 5

Der Mann versucht ein kleines Lächeln. Es klappt nicht ganz.

„Der da drüben vielleicht sogar mal auf die Mauer gestiegen ist?"

Der Mann sagt nichts. Er sieht Carsten Tsara nur an. 10

„Den Swimmingpool kann man nämlich nur von dort oben sehen", sagt Carsten Tsara schnell.

„Aha", sagt der Mann und blickt auf seine Uhr. „Oh, schon halb sieben! Ich muss jetzt schließen."

„Geben Sie mir einen *Abendkurier*?" 15

„Hier, bitte", sagt der Mann und gibt Carsten Tsara eine Zeitung. Der Detektiv setzt sich wieder auf die Bank und liest.

Die Sonne geht langsam unter, es wird kühl.

Dieses Jahr gibt's viele Mücken, denkt er. 20

Von Zeit zu Zeit blickt er zur anderen Straßenseite hinüber. In allen Häusern gehen die Lichter an, nur die Fenster der Villa bleiben dunkel.

Ihm ist kalt.

Er steht auf und spaziert im Park auf und ab, erst lang- 25
sam, dann immer schneller.

Die Minuten machen es genau umgekehrt: Sie gehen immer langsamer vorbei.

Ihm ist langweilig.

Leise singt er: 30

„Du siehst wirklich super aus,
Du wohnst im warmen Luxushaus.
Ich bin nur ein armer Hund,
Steh in der Kälte, Stund' um Stund'…"

Keine Frau Bär. Kein Stalker. Nur Mücken überall. 35

Eine halbe Stunde vor Mitternacht fährt ein roter Sportwagen die Parkallee entlang. Er hält vor der Villa, das Garagentor öffnet sich, der Wagen fährt hinein, das Garagentor
schließt sich. Eine Minute danach geht in dem Zimmer hinter dem Balkon das Licht an, und zehn Minuten später ist
die Villa wieder so dunkel wie zuvor.

Sie ist ins Bett gegangen, denkt Carsten Tsara.

Seine Hände und sein Gesicht sind voller Mückenstiche.

6

Schreibtischarbeit ist eigentlich gar nicht so schlecht, überlegt Carsten Tsara am nächsten Morgen. Vielleicht schaffe
ich es noch und bekomme den Fall Schneider bis Montag-
abend fertig. Heute ist Freitag. Wenn ich am Wochenende
arbeite, habe ich vier Tage. Das könnte klappen, oder?

Schnell trinkt er seinen Kaffee aus, zieht sich fertig an,
öffnet die Wohnungstür und geht in den Hausflur. Als er
sich umdreht und die Tür zuziehen will, sieht er einen weißen Briefumschlag. Jemand hat ihn mit einem Stück Kle-
befilm an seiner Tür befestigt. Er macht ihn vorsichtig ab
und öffnet ihn.

Das Foto zeigt einen Mann, der auf einer Bank sitzt. Sein
Gesicht kann man nicht sehen. Das Bild ist außerdem
ziemlich unscharf und dunkel. Das kenne ich doch, denkt
Carsten Tsara.

Es dauert ein paar Sekunden, bis der Schreck kommt.

Das bin ich, gestern, in der Parkallee. Der Stalker muss
ganz nahe hinter mir gewesen sein, zehn oder höchstens
fünfzehn Meter. Und ich habe nichts bemerkt!

Carsten Tsara blickt sich um. Im Treppenhaus ist niemand zu sehen oder zu hören. Schnell geht er in seine
Wohnung zurück und schließt die Tür.

Es ist ein Computerausdruck. Es hat die gleiche Größe
wie die Fotos von Frau Bär, auch das Fotopapier ist von
derselben Marke. Auf dem Umschlag und auf dem Bild

steht kein einziges Wort. Das ist auch nicht nötig, das Bild sagt ja alles:

Ich habe dich gesehen.

Ich weiß, was du machst.

Ich weiß, wie du heißt.

Ich weiß, wo du wohnst.

Carsten Tsara holt eine Lupe. Auf dem Umschlag kann er nichts Besonderes entdecken. Bei dem Foto hat er mehr Glück: Ganz deutlich ist ein Fingerabdruck darauf zu erkennen. Ist der von ihm selbst? Nein, ganz sicher nicht. Er hat das Bild nur am Rand berührt.

Wenn er aber vom Stalker ist und wenn dieser Mensch vorbestraft ist, dann könnte man ihn schnell identifizieren, und der Fall Bär wäre gelöst.

Carsten Tsara holt das Telefon. Zum Glück hat er einen guten Freund bei der Münchner Kriminalpolizei. Hauptkommissar Andreas Gastl gibt ihm manchmal Informationen, die er als Privatdetektiv sonst nicht so leicht bekommen könnte.

„Gastl?"

„Guten Morgen, Andi! Hier ist …"

„Der alte Carsten! Was willst denn du schon wieder?"

„Das möchte ich dir gerne an Ort und Stelle erklären. Kann ich ins Präsidium kommen?"

„Na schön, wenn's sein muss. Sagen wir am Montagvormittag, so um zehn?"

„Das ist zu spät. Ich brauche die Info gleich."

„Was? Heute noch?"

„Bitte, Andi! Es ist wirklich dringend."

„Puh, du nervst! Dann komm aber bitte sofort! Ab 13 Uhr habe ich einen wichtigen Termin, und danach bin ich im WO-CHEN-EN-DE, verstehst du mich?"

„Verstehe. In einer halben Stunde bin ich da."

7

„Das ist ja ein richtig schlechtes Foto", sagt Andreas Gastl. „Wer soll denn das sein, dieser Typ da?"

„Sieht man das nicht?", fragt Carsten Tsara. „Ich bin das."

5 „Du? Na ja, ich weiß nicht. Wer hat es denn gemacht?"

„Jemand, der mich bei der Arbeit beobachtet."

„Dich? Bei der Arbeit? Wer tut so was?"

„Das ist ja das Problem: Ich weiß es nicht!"

Andreas Gastl beginnt zu lachen.

10 „Ein Perverser, dem das Fernsehprogramm noch nicht langweilig genug ist?"

„Ha ha ha! Deine Witze waren auch schon mal besser."

„Nun hört euch das mal an: Er mag meine Witze nicht!"

„Andi, da ist ein fetter Fingerabdruck auf dem Bild.
15 Könnt ihr den mal genauer ansehen? Vielleicht ist dieser geheimnisvolle Fotograf ja ein alter Bekannter von euch."

„Wenn du meinst, Carsten. Wir können es ja versuchen."

Andreas Gastl legt das Foto in eine Mappe und schickt einen seiner Mitarbeiter damit zum Erkennungsdienst.

20 „Das dauert aber ein bisschen", sagt er dann. „Möchtest du einen Kaffee?"

„Nein danke!", sagt Carsten Tsara leise.

„Was ist los, Carsten? Bist du jetzt sauer auf mich? Hab ich zu laut über deine Arbeit gelacht?"

25 „Nein, gar nicht", sagt Carsten Tsara. „Du hast ja recht. Mein Job ist wirklich nicht sehr spannend, zur Zeit." Er seufzt. „Aber das ist nicht das Hauptproblem. Weißt du, ich glaube, ich komme in die *Midlife-Crisis*."

„In die *Midlife-Crisis*?" Andreas Gastl schüttelt den Kopf.
30 „Bist du dafür nicht ein bisschen zu jung?"

„Zu jung? Morgen werde ich fünfunddreißig, Mann! Stell dir das vor: Fünfunddreißig! Die erste Hälfte ist vorbei."

„Ach komm! Das sind alles nur Zahlen! Ich hab letztes Jahr meinen Vierzigsten gefeiert und habe damit über-
35 haupt kein Problem."

„Ja, du! Aber ich …"

„Hey, das ist nicht nett! Du hast mich nicht mal zu deiner Geburtstagsparty eingeladen!"

„Eine Party? Morgen Mittag geh ich kurz zu meinen Eltern, und danach leg ich mich zu Hause ins Bett und zieh mir die Decke übern Kopf." 5

„Klar! Und dort planst du dann deine zweite Lebenshälfte", lacht Andreas Gastl. „Oh, da kommt mir die Superidee: Mach doch ein Bettengeschäft auf!"

Carsten Tsara muss lächeln.

„Ein traumhafter Job!", redet Andreas Gastl weiter. „Ich 10 seh schon die Schrift über deinem Laden: ‚Betten Tsara. Hier liegen Sie immer richtig!'"

Sie lachen beide.

Andreas Gastls Mitarbeiter kommt und bringt die Mappe zurück. Der Hauptkommissar bedankt sich und öffnet die 15 Mappe. Sein Gesicht wird plötzlich ernst.

„Na, das ist ja ein starkes Stück!"

„Ihr habt was gefunden?", fragt Carsten Tsara.

„Ja, etwas sehr Seltsames. Der Fingerabdruck ist wirklich von einem Kriminellen." 20

„Was?"

„Aber vor dem musst du keine Angst mehr haben."

„Warum?"

„Er hat sich das Leben genommen."

„Er ist tot?" 25

„Kannst du dich nicht erinnern: Johann Schwabe, der Millionenbetrüger? Selbstmord im Untersuchungsgefängnis. Vor einem Jahr war der Fall in allen Zeitungen."

Carsten Tsara versteht die Welt nicht mehr. Wie kommt der Fingerabdruck eines Mannes, der seit einem Jahr tot 30 ist, auf ein Foto, das erst gestern gemacht worden ist?

„Ist der Fingerabdruck ganz sicher von diesem Schwabe?", fragt er.

„Hundertprozentig", sagt Andreas Gastl. „Aber jetzt musst du mir auch mal ein paar Fragen beantworten: Von wann 35 ist dieses Foto? Wie lange hast du es schon? Und vor allem: Was hast du mit dem Betrugsfall Schwabe zu tun?"

„Gar nichts!" Carsten Tsara ist ratlos. „Bis vor einer Minute habe ich noch nicht mal seinen Namen gehört. Das
5 Foto habe ich seit heute morgen. Und von wann es ist ..." Er macht eine Pause. Vielleicht ist es besser, seinem Freund nicht zu viel zu erzählen. „Von wann es ist, das weiß ich nicht."

„Aber der Mann auf dem Bild, das bist du?"
10 Carsten Tsara schüttelt den Kopf.

„Nein, es muss doch ein anderer sein. Jemand, der mir ähnlich sieht."

„Aber warum hat man es dir geschickt?"

„Ich habe keine Ahnung."
15 „Carsten, wenn du irgendwas weißt, solltest du es mir jetzt sagen."

„Glaub mir, Andi, ich weiß nichts."

„Das ist alles sehr rätselhaft", sagt Andreas Gastl. „Dieses Foto behalte ich hier. Schwabe ist zwar tot, aber sein Fall ist
20 noch lange nicht abgeschlossen."

8

Carsten Tsara geht durch die Fußgängerzone. In seinem
25 Kopf dreht sich alles.

Wer ist der Mann auf dem Foto?

Das bin ich. Ganz sicher.

Aber der Fingerabdruck auf dem Foto ist doch von Johann Schwabe, oder?
30 Hundertprozentig.

Also lebt der Typ. Er ist als Stalker unterwegs und macht Fotos von Veronika Bär.

Unsinn!

Johann Schwabe ist vor einem Jahr im Gefängnis gestor-
35 ben.

Dann ist das Foto mindestens ein Jahr alt, und ich bin nicht der Mann auf dem Bild.

Aber ich *bin* der Mann auf dem Bild.

Nein, so kann es nicht weitergehen. Er muss Ordnung in seine Gedanken bringen. Er muss zuerst einmal mehr über diesen Schwabe erfahren. Und er weiß auch schon, wie: Im Archiv des *Abendkurier* kann er die Zeitungsartikel von damals nachlesen.

Er ändert seine Richtung und geht in eine kleine Seitenstraße. Sein Handy klingelt.

„Ja?"

„Sie machen einen Fehler, Tsara", sagt die Stimme eines Mannes.

Carsten Tsara bleibt stehen.

„Was ist los?", sagt er. „Wer ist denn da?"

„Lassen Sie die Finger von der Sache, okay?"

„Welche Sache denn?"

„Wir können mehr als Fotos schießen."

Es klickt. Das Gespräch ist zu Ende. Carsten Tsara sieht auf das Display seines Handys. ‚Unbekannte Nummer' steht dort. Es ist kurz vor zwei Uhr.

9

Als er um vier das Gebäude des *Abendkurier* verlässt, hat er Kopien von drei Zeitungsartikeln in der Tasche.

Der erste ist vom 22. September des vergangenen Jahres:

BANKEN UM MILLIONEN BETROGEN

Mit einer scheinbar genialen Geschäftsidee soll der Münchner Kaufmann Johann S. zwei große Banken um insgesamt 18 Millionen Euro betrogen haben.

Der bisher nicht vorbestrafte 57-Jährige sitzt seit gestern in Untersuchungshaft. Bei der Durchführung des Verbrechens soll ihm der mehrfach vorbestrafte Glücksspieler Christian E. geholfen haben. Von dem Geld fehlt noch jede Spur. Im Haus des Kaufmanns und in der Wohnung von E. hat die Kriminalpolizei nur ein paar Tausend Euro gefunden.

Am 4. Oktober hat die Zeitung den Selbstmord Schwabes gemeldet:

SELBSTMORD
IN DER UNTERSUCHUNGSHAFT

Zwei Wochen nach seiner Festnahme hat sich der Kaufmann Johann Schwabe in der Untersuchungshaft das Leben genommen.

Die Kriminalpolizei hat in den letzten Tagen mehrere Beweise für die Schuld des 57-jährigen Münchners gefunden. Der wegen des spektakulären Bankbetrugs zunächst ebenfalls inhaftierte Glücksspieler Christian E. ist inzwischen wieder auf freiem Fuß. Eine Beteiligung an der Tat konnte ihm nicht nachgewiesen werden.

Und am 30. März schreibt der *Abendkurier*:

WO SIND DIE MILLIONEN?

Von dem Geld aus dem Münchner Bankbetrug fehlt nach wie vor jede Spur.

Die Kriminalpolizei ist in dem komplizierten Fall noch immer keinen entscheidenden Schritt weitergekommen. In dem halben Jahr seit Johann Schwabes Tod hat sie die 18 Millionen Euro nicht finden können. Immerhin gibt es inzwischen neue Informationen über das mögliche Motiv: Schwabes lange Zeit erfolgreiches Unternehmen hat im Jahr vor dem Betrug große Verluste gemacht und stand kurz vor der Schließung.

10

Um kurz vor halb fünf kommt Carsten Tsara in sein Büro. Die drei schwarzen Ordner im Regal begrüßen ihn: ‚Hallo, Herr Detektiv! Wir sind immer noch da!'

‚Ihr müsst noch ein bisschen warten', antwortet der Detektiv. ‚Bis morgen. Heute ist es schon zu spät.' Dann holt er sich eine Tasse Kaffee und setzt sich an den Schreibtisch.

Veronika Bär, der Stalker, das Foto, der Fingerabdruck, Johann Schwabe, die 18 Millionen, der anonyme Anruf. Wie passt das alles zusammen?

Johann Schwabe: Er ist tot. Sein Fingerabdruck muss schon vor dem Ausdrucken des Fotos auf dem Papier gewesen sein. Aber wie ist er dort hingekommen? Oder anders: Woher hat der Stalker dieses Fotopapier?

Veronika Bär: Wohnt sie allein in dieser großen Villa? Was arbeitet sie? Von was lebt sie? Ich muss unbedingt mehr über sie erfahren. Aber wie?

Ach ja, Walter sollte heute mit ihr telefonieren. Vielleicht kann er mir was sagen. Fragen kostet ja nichts.

Sein Kollege sitzt im Nachbarraum und arbeitet am Computer.

„Hallo!", sagt Carsten Tsara. „Bei dir alles klar?"

Walter Braun blickt nicht auf und brummt etwas Unverständliches.

Was hat er denn? Ist er sauer?

„Kannst du mir mal kurz deine Schere leihen?", bittet Carsten Tsara. „Ich finde meine nicht mehr."

Wortlos holt Walter Braun die Schere aus der Schublade und legt sie auf einen Notizblock neben seinem Telefon. Dann guckt er wieder in seinen Monitor.

Auf dem Block steht in Walters Handschrift:

„Danke, Walter!", sagt Carsten Tsara. „Ich bring dir die Schere gleich wieder."

Carsten Tsara geht zurück in sein Büro.

Wer ist ‚Eisenreich'?, denkt er. Was bedeutet ‚VB'? Ist Eisenreich ein Mitarbeiter der Volksbank oder ist er ein

Bekannter von Veronika Bär? Er schließt die Tür und wählt die Nummer.

„Ja, bitte?", meldet sich eine Männerstimme.

„Ähh, hallo, hier ist das Büro Müller. Spreche ich mit
5 Herrn Eisenreich?"

„Müller? Das Detektivbüro?"

„Genau!"

„Wie war gleich noch mal Ihr Name? Sie sind Herr Braun, nicht wahr?"

10 „Tja also, ich …"

„Ich verstehe nicht, warum Sie noch mal anrufen. Ich habe Ihnen doch schon alles gesagt."

„Aber diese Frau Bär, die …"

„… die kenne ich von früher. Sie hat damals auch hier in
15 München gewohnt. Wo sie heute lebt, weiß ich nicht. Sie war die Geliebte eines Freundes."

„Und dieser Freund hieß Schwabe, richtig?"

Schweigen.

„Johann Schwabe …"

20 Schweigen.

„Herr Eisenreich? Sind Sie noch dran?"

„Sie sind nicht Herr Braun."

„Moment …"

„Ihre Stimme klingt anders."

25 „Warten Sie …"

„Wer sind Sie?"

„Wie heißen Sie mit Vornamen? Christian?"

„Von mir hören Sie kein Wort mehr!"

Das Gespräch ist zu Ende. Eisenreich hat aufgelegt.

30

Die Dinge passen also doch irgendwie zusammen, denkt Carsten Tsara.

Schwabe und das Glücksspiel:
35 Er hat verloren, bis seine Firma kaputt und sein ganzes Geld weg war. Dann hat er die Banken betrogen, und mit

den 18 Millionen hat er weitergespielt oder seine Spiel-
schulden bezahlt. Kann es so einfach gewesen sein? Nein,
die Kriminalpolizei hat diese Glücksspielgeschichte sicher
ganz genau überprüft.

Veronika Bär:
    Sie lebt in einer großen Villa, fährt einen tollen Wagen,
kleidet sich super, muss also Geld haben. Woher? Von
Schwabe? Aber der *Abendkurier* hat nicht ein einziges Wort
über Veronika Bär geschrieben. „Die schöne Geliebte des
Bankbetrügers" oder „Hat Schwabes Traumfrau die Millionen?" Solche Überschriften kommen doch bei Zeitungsle-
sern immer gut an, oder? Nein, die Zeitungsleute haben
von Frau Bär sicher nichts gewusst.

Der Stalker:
    Was will er Veronika Bär mit seinen Fotos eigentlich
sagen? Ich bin da, ich sehe dich, du siehst mich nicht.
Warum? Hat es vielleicht doch etwas mit Schwabes Verbre-
chen zu tun? 18 Millionen Euro sind ein gutes Motiv. Hat
sie das Geld? Aber dann kann sie sich doch denken, von
wem die Fotos kommen. Warum bezahlt sie eine Detektei?
Möchte sie dem Stalker zeigen: Sei vorsichtig, du wirst
auch beobachtet?

Herr Eisenreich:
    Wie kommt Walter Braun eigentlich auf Eisenreich?
Veronika Bär muss ihm am Telefon von Schwabes Freund
erzählt haben. Aber warum erst heute? Warum hat sie es
Verena Müller nicht gestern schon gesagt? Ist Eisenreich
der Stalker?

Nein, das passt alles noch nicht richtig zusammen, denkt
Carsten Tsara und steht auf. Ich muss selbst mit Frau Bär
reden. Er zieht seine Jacke an und öffnet die Tür.

Draußen steht Verena Müller mit einer Aktenmappe unter dem Arm. Sie sieht unzufrieden und sauer aus.

„Was ist los?", fragt Carsten Tsara.

5 Seine Chefin drückt Carsten Tsara ins Büro zurück und schließt die Tür.

„Du weißt, ich halte viel von freier und selbständiger Arbeit. Und normalerweise gehe ich davon aus, dass jeder seinen Job macht und sein Bestes gibt. Aber mit dir habe

10 ich jetzt langsam ein Problem."

„Mit mir?", fragt Carsten Tsara. „Warum denn?"

„Herr Schneider hat mich angerufen."

„Ach, der …

„Er ist sehr unzufrieden."

15 „Was passt ihm denn nicht?"

„Er hat vierzehn Tage lang nichts von dir gehört."

„Das ist nicht wahr. Ich habe erst gestern mit ihm telefoniert. Und vor einer Woche auch schon mal."

„Nein, Carsten. *Er* hat beide Male mit *dir* telefoniert. Das

20 ist ein kleiner Unterschied."

„Verena, ich …"

„Was glaubst du eigentlich? Meinst du, der Mann bezahlt uns fürs Nichtstun?"

„Ich arbeite doch an der Sache, es dauert nur ein biss-

25 chen länger als geplant."

„Nein, mein Lieber!" Sie deutet auf die drei schwarzen Aktenordner im Regal. „Die liegen da seit zwei Wochen, und du hast sie nicht ein einziges Mal in der Hand gehabt, oder?"

30 Carsten Tsara antwortet nicht. Verena Müller öffnet ihre Aktenmappe und holt ein Foto heraus.

„Übrigens, das habe ich heute Nachmittag bekommen. Kennst du den Typ da auf dem Bild?"

Carsten Tsara fehlen die Worte. Es ist das Bild, das er

35 heute morgen an seiner Wohnungstür gefunden hat. Woher hat sie es?

Andreas Gastl ...? Nein, das kann nicht sein! Erstens ist Andi sein Freund. Und zweitens kennt er Verena gar nicht.

Plötzlich wird ihm alles klar. Natürlich! Veronika Bär hat auch eine Kopie des Fotos bekommen. Später hat Walter mit ihr telefoniert, sie hat ihm von dem Foto erzählt, er hat es abgeholt und an Verena weitergegeben. Jetzt verstehe ich auch, warum er so sauer auf mich ist.

„Was ist? Hast du die Sprache verloren? Kennst du den Mann? Ja oder nein?"

„Nein, Verena, wer soll denn das sein?"

„Also, das ist doch die Höhe!" Vor Ärger bekommt Verena Müller einen roten Kopf. „Du weißt genau, wer das ist!"

„Ich verstehe, was du meinst. Er sieht von hinten wirklich fast so aus wie ich."

Verena Müller legt das Foto wieder in die Mappe zurück und deutet auf die Aktenordner im Regal.

„Die Arbeit, die du machen sollst, lässt du liegen und machst lieber Dinge, die du nicht machen sollst. Wo warst du heute den ganzen Tag?"

Auf diese Frage möchte Carsten Tsara lieber nicht antworten.

„So geht es nicht weiter. Ich habe viele Jahre lang hart für den Erfolg dieser Firma gearbeitet. Ich lasse mir das durch die Disziplinlosigkeit eines Mitarbeiters nicht kaputt machen!"

„Ist ja gut, Verena. Ich fange jetzt sofort an und ..."

„Nein, Carsten", sie nimmt die drei Aktenordner aus dem Regal, „dafür ist es zu spät. Den Fall Schneider bekommt Katja. Ich habe schon mit ihr gesprochen. Und du schreibst ab heute jede Woche einen Arbeitsbericht."

„*Was* tue ich?" Jetzt bekommt Carsten Tsara einen roten Kopf.

„Du hast richtig gehört: Du schreibst bitte einen genauen Bericht über deine Arbeit in den vergangenen fünf Tagen und legst ihn noch heute auf meinen Schreibtisch." Mit diesen Worten geht Verena Müller aus Carsten Tsaras Büro.

23

Alle Kollegen sind schon im Wochenende. Nur Carsten Tsara ist noch im Büro. Er sitzt vor seinem Computer und hat ein neues Dokument angefangen. Die Überschrift: „Wochenarbeitsbericht Tsara". Der Bildschirm darunter ist weiß. Er weiß nicht, was er schreiben soll. Er ist wütend und ratlos.

Auf der einen Seite kann er Verena verstehen.

Es ist ja wirklich nicht einfach mit ihm. Er ist nun mal undiszipliniert und chaotisch. Aber andererseits hat er mit seiner Intuition und seiner Fantasie schon manchen schwierigen Fall gelöst.

Er ist eben kein Bürotyp. Wenn er nur Akten studieren soll, bekommt er Depressionen. Er muss raus. Verena weiß das auch. Warum gibt sie ihm trotzdem so einen schrecklich langweiligen Fall?

Und jetzt auch noch Wochenarbeitsberichte schreiben?

Nein, so will ich nicht mehr weitermachen, denkt er. Es ist höchste Zeit für etwas anderes. Ich suche mir einen neuen Job. Am Montag fange ich an.

Nebenan, in Walter Brauns Büro, klingelt das Telefon. Es klingelt sieben Mal. Nach einer Weile klingelt es wieder. Zehn Mal. Nach einer weiteren Pause klingelt das zentrale Telefon. Nun nimmt Carsten Tsara das Gespräch an.

„Private Ermittlungen Müller?"

„Hallo, könnte ich bitte Herrn Braun sprechen?" Es ist eine angenehme weibliche Stimme.

„Tut mir leid, Herr Braun ist schon im Wochenende. Wenn Sie möchten, lege ich ihm eine Nachricht auf den Schreibtisch."

„Ach ja, er soll mich doch bitte gleich am Montagmorgen anrufen. Mein Name ist Bär, er hat meine Nummer."

Na, so ein Zufall! Carsten Tsara überlegt nicht lange. Er spricht einfach aus, was ihm durch den Kopf geht.

„Ach, das ist ja praktisch, Frau Bär!"

„So? Warum denn?"

„Darf ich mich vorstellen? Mein Name ist Tsara, Carsten Tsara. Seit heute Nachmittag bearbeite ich Ihren Fall."

„Oh, das ist wirklich praktisch! Dann müssen wir nicht bis Montag warten."

„Genau!"

„Der Fall ist nämlich erledigt."

„Was!?"

„Mein Problem hat sich gelöst."

„Das glaube ich nicht."

Sie macht eine kurze, erstaunte Pause. Dann redet sie weiter.

„Sie können Ihre Arbeit beenden. Schicken Sie mir doch einfach die Rechnung, ja?"

„Entschuldigen Sie, das ist mir jetzt ein bisschen zu schnell gegangen, Frau *Schwabe*. Könnten Sie den letzten Satz noch mal wiederholen?"

Es bleibt einige Sekunden lang still.

„Sind Sie noch dran?", fragt Carsten Tsara.

„*Was* haben Sie gerade gesagt?"

„Oh, tut mir leid, ich habe vielleicht etwas undeutlich gesprochen. Ich habe gesagt, wir sollten heute noch miteinander reden, *Frau Bär*."

Wieder gibt es eine Pause.

„Na schön. Wo und wann?"

„Von wo aus rufen Sie an?"

„Von zu Hause. Das ist in …"

„Ich weiß, wo das ist. In einer Stunde bin ich bei Ihnen."

13

„Wer ist da?"

Ihre Stimme kommt aus dem kleinen Lautsprecher neben der Haustür.

„Carsten Tsara. Wir haben telefoniert. Darf ich reinkommen?"

Die Tür geht auf.

Heute trägt Veronika Bär ein kurzes rotes Kleid. In Carsten Tsaras Gesicht könnte sie lesen, wie gut es ihr steht. Aber sie achtet nicht darauf. Vorsichtig sieht sie nach links und nach rechts. Er folgt ihren Blicken, kann auf der Straße aber nichts Besonderes sehen.

Dann bittet sie ihn ins Haus. Beim Hineingehen riecht er ihr Parfüm. Sie bemerkt es und schenkt ihm ein kleines Lächeln.

„Bitte, nehmen Sie doch Platz!"

Die Inneneinrichtung ist ein Traum. Alles ist elegant und sieht sehr teuer aus.

„Darf ich Ihnen etwas anbieten? Einen Kaffee vielleicht?"

„Ein tolles Haus!"

„Oh, danke! Ein bisschen groß, für mich allein."

„So was könnte ich mir nicht leisten."

„Dann haben Sie vielleicht den falschen Beruf gewählt?"
Ihr Lächeln ist bezaubernd.

„Ach, so schlecht ist mein Beruf gar nicht. Schließlich lernt man dabei interessante Menschen kennen."

„Aha. Soll ich das als Kompliment verstehen?" Ihr Blick fällt auf einen Terminkalender, der offen auf dem Couchtisch liegt. Sie macht ihn zu.

„Darf ich fragen, womit Sie Ihr Geld verdienen, Frau Bär?"

„Ich bin Beraterin. Ich helfe meinen Kunden, die richtigen Entscheidungen zu treffen. Wollen Sie nicht langsam mal zur Sache kommen?"

„Gerne. *Johann Schwabe*. Haben Sie den auch beraten?"

Das Lächeln verschwindet aus ihrem Gesicht.

„Private und geschäftliche Dinge trenne ich prinzipiell voneinander."

Das ist eine klare Auskunft.

„Und Christian Eisenreich? Wo soll ich den einordnen?"

Veronika Bär sieht an ihm vorbei. Ihre Augen sind unruhig. Was ist denn da? Ist da etwas hinter ihm?

„Glauben Sie mir, ich kenne alle meine Kunden. Ein Herr Eisenreich ist da ganz sicher nicht mit dabei."

Soso, bei den Kunden ist er nicht. Aber der Name hat sie nervös gemacht. Der Detektiv wirft einen kurzen Blick hinter sich. Er kann nichts Besonderes sehen. 5

„Nun beantworten Sie aber endlich auch meine Frage", sagt sie.

„Welche Frage denn?"

„Kaffee. Möchten Sie einen?"

„Ja gerne. Am liebsten einen Espresso. Geht das?" 10

„Kein Problem. Eine Sekunde, bitte."

Sie steht auf und geht an ihm vorbei. Ah, das Parfüm! Er dreht sich um und sieht ihr nach. Und die Figur! Und wie sie geht! Beim Verlassen des Wohnzimmers schließt sie die halb offene Tür eines kleinen Schranks. 15

Dann ist sie weg.

Er steht auf.

Schnell und leise geht er zu dem Schränkchen hinüber und öffnet es.

Links eine kleine Bar mit Gläsern und Flaschen. Rechts 20 drei Schubladen.

Schublade eins: Spielkarten, Würfel und so weiter.

Schublade zwei: Servietten, Flaschenöffner, Korkenzieher und so weiter.

Aus der Küche hört er das Summen der Kaffeemaschine. 25

Schublade drei: Zwei Päckchen Munition und eine Beretta 92. Das Ding wiegt über ein Kilo. Eine ziemlich große und schwere Pistole für eine Frau.

„Wie möchten Sie ihn denn?", ruft sie aus der Küche. „Schwarz oder mit Milch?" 30

„Ein bisschen heiße Milch wäre toll."

Milch ist gut. Milch bringt Zeit. Er schließt das Schränkchen und geht zurück zum Couchtisch.

Sie schäumt die Milch. Er öffnet den Terminkalender an der Stelle mit dem Lesezeichen. 35

Links der heutige Freitag. Rechts der Samstag. Er liest die Einträge. Ganz unten rechts findet er, was er gesucht hat: ‚CE, 21 Uhr, Elsholtzstr.17'. Er klappt den Terminkalender zu und legt ihn zurück auf den Tisch. Als Veronika Bär den Kaffee bringt, sitzt er wieder in seinem Sessel und lächelt sie freundlich an.

14

Auf dem Heimweg denkt Carsten Tsara über das Gespräch nach.

Sie hat auf alle seine Fragen eine Antwort gehabt.

Nein, einen Christian Eisenreich kennt sie nicht.

Ja, sie war Schwabes Geliebte. Aber nur für kurze Zeit. Als Schwabe kriminell geworden ist, war ihre Beziehung schon lange vorbei. Von dem Bankbetrug hat sie nur aus der Zeitung erfahren. Natürlich weiß sie nicht, wo die 18 Millionen Euro sind.

Warum sie mit ihrem Stalker-Problem nicht zur Polizei gegangen ist?

Na, wegen dieser Sache mit Schwabe. Ist doch klar, oder?

Wer dieser Stalker denn nun eigentlich ist?

Ein psychisch kranker Typ, den sie früher mal gekannt hat. Er war dann jahrelang im Ausland. Sie hat ihn völlig vergessen. Vor ein paar Monaten ist er zurückgekommen, hat sich an sie erinnert und hat angefangen, sie zu fotografieren.

Woher sie das weiß?

Er hat heute Nachmittag angerufen. Sie hat sich an seine Stimme erinnert.

Warum er angerufen hat? Warum er das Foto von gestern nicht mit der Post geschickt hat wie die anderen Fotos?

Er war wütend und eifersüchtig wegen des Detektivs vor dem Haus. Er wollte der einzige Mann sein, der sie beobachten darf.

28

Oh ja, sie hatte gute Antworten auf alle seine Fragen.

Aber Carsten Tsara weiß: Veronika Bär lügt. Sie kennt Eisenreich. Morgen Abend um 21 Uhr trifft sie sich mit ihm.

Wenn ‚CE' nicht Christian Eisenreich ist, fresse ich einen Besen, denkt er, während er seine Wohnungstür öffnet. Und ich fresse noch einen zweiten Besen, wenn es bei dem Treffen nicht um das Geld aus Schwabes Bankbetrug geht.

Trotzdem hat er ein komisches Gefühl.

Wie kommt Walter Braun auf Christian Eisenreich?

Von wem hat Walter die Handynummer? Sicher nicht von Veronika Bär, oder?

Woher hat der Stalker das Fotopapier mit dem Fingerabdruck von Johann Schwabe? Woher hat er Carsten Tsaras Handynummer? Sie steht nicht im Telefonbuch.

Es gibt so viele Fragen, und nichts passt wirklich zusammen, denkt er.

Welche Art von Beratung macht Frau Bär? Kann man vielleicht im Internet etwas über sie finden? Und mit diesem Eisenreich muss ich auch noch mal sprechen. Am Telefon bekomme ich von ihm sicher keine Informationen mehr. Also muss ich seine Adresse herausfinden und ihn besuchen.

Es ist sehr spät geworden. Er gähnt.

Das mach ich alles morgen, denkt er.

15

Er wacht erst um halb elf auf.

Er fühlt sich müde und deprimiert, weiß aber nicht, warum.

Plötzlich muss er an Angelo denken. Angelos Pizzeria ist nur ein paar Schritte von der Detektei Müller entfernt. Carsten Tsara und seine Kollegen gehen oft zum Mittagessen hinüber und manchmal auch abends nach der Arbeit.

29

Angelo kommt aus einem kleinen Dorf südlich von Salerno. Er lebt seit dreißig Jahren in Deutschland. So lange macht er hier schon Pizza. Tag für Tag, das ganze Jahr Pizza, Pizza, Pizza. Und er sieht meistens sehr zufrieden aus.

Wie macht er das? Carsten Tsara seufzt.

Macht Pizzabacken glücklich?

Soll ich auch Pizzabäcker werden?

Quatsch! Es liegt nicht an der Pizza. Es liegt an Angelo.

Angelo macht seinen Job, basta. Er macht, was er machen soll. Und er ist zufrieden damit.

Und was macht Privatdetektiv Carsten Tsara?

Der ist nicht zufrieden.

Der macht seinen Job nicht.

Der löst den Fall Schneider nicht.

Der schreibt seinen Wochenarbeitsbericht nicht.

Der macht nur Sachen, die er nicht machen soll.

So kann man ja nie glücklich werden!

Er steht auf und holt das Telefonbuch mit den Buchstaben A–K.

Er setzt sich an den Küchentisch und blättert die Seiten durch.

Eisenreich.

Es gibt viele Eisenreichs, aber nur einen Christian. Ist er das?

Carsten Tsara notiert die Telefonnummer und die Adresse. Eine Handynummer steht nicht mit dabei. Danach kommt noch ein ,C. Eisenreich' ohne Adresse. Er schreibt die Telefonnummer auf. Dann gähnt er laut und schaltet die Kaffeemaschine ein.

Seine Gedanken wandern zum gestrigen Abend zurück.

Veronika Bär.

Intelligent, raffiniert und wunderschön.

Die Beretta im Schrank.

Ist sie eine *femme fatale*?

Sie sagt, sie ist Beraterin.

Er startet den Computer. Aber was für eine Art von Beratung? Geld? Mode? … Ehe?

Ich suche meine Traumfrau. Können Sie mir helfen, Frau Bär?

Tut mir leid, Herr Tsara. Träume sind nicht mein Geschäft.

Für ‚Veronika‘, ‚Bär‘ und ‚Beratung‘ findet die Suchmaschine mehr als 400.000 Internetadressen. Er sieht die ersten zwanzig durch. Es ist nichts Passendes dabei. Er versucht es mit ‚Consulting‘ und ‚München‘. Das Ergebnis bleibt negativ.

Das Telefon klingelt.

„Ja? Tsara?"

„Zum Geburtstag viel Glück! Zum Geburtstag viel Glück!"

Der Geburtstag!

„Zum Geburtstag, lieber Carsten, zum Geburtstag viel Glück!"

Der schreckliche Geburtstag!

„Alles, alles Liebe zu deinem fünfunddreißigsten Geburtstag! Na, bist du schon in Feierstimmung?"

„Nein. Ich hab's vergessen."

„Das ist nicht wahr!"

„Mama, ich …"

„Du kommst uns doch gleich besuchen!"

„Ich muss … ich hab da noch … äh … könnten wir das auch auf morgen verschieben?"

„Carsten!"

„Schon gut. Ich frühstücke und komme dann. Aber nur kurz, okay? Für eine halbe Stunde."

16

Eine halbe Stunde?

O Carsten Tsara, du Optimist!

Glaubst du wirklich, sie lassen dich schon nach einer halben Stunde wieder gehen?

Sie haben Geschenke für dich gekauft.

Diese Hemden magst du doch so gerne!

Mama hat rheinischen Sauerbraten gemacht.

Deine Lieblingsspeise!

Papa hat eine neue Digitalkamera gekauft und möchte
ein Familienbild machen.

So, jetzt bitte lächeln!

Mama hat einen Schoko-Nusskuchen gebacken.

Dein Lieblingskuchen!

Papa hat drei große Fotoalben aus dem Schrank geholt.

Guck mal, Carsten: Das bist du. Hier ist alles dokumentiert.

Die drei Alben sind voll. Nur im letzten ist noch eine
Seite frei. Ein gutes Zeichen?

Von der Geburt bis zum heutigen Tag.

Geht das alte Leben des Carsten Tsara mit dem heutigen
Foto zu Ende?

Was uns noch fehlt, ist ein schönes Hochzeitsfoto!

Kann nun endlich ein neuer Abschnitt beginnen?

Oder kommt das vierte Album?

Es ist schon fast Abend, als Carsten Tsara sich von seinen
Eltern verabschiedet. Eilig läuft er die Treppe hinunter. Na,
zum Glück ist wenigstens diese Geburtstagssache jetzt vorbei, denkt er.

Er steigt ins Auto und startet mit quietschenden Reifen.

Oben, am Wohnzimmerfenster, stehen die Eltern. Sie
schütteln die Köpfe.

Hoffentlich fährt der Junge nicht zu schnell!

Sie winken ihm nach.

Er sieht es nicht.

17

Es ist fast dunkel, als er die Adresse am anderen Ende der
Stadt endlich findet. Auf dem kleinen Türschild der Erd-
geschosswohnung steht ,Christian Eisenreich, Kaminkehrermeister'.

32

Kaminkehrer und Glücksspieler? Na ja, Kaminkehrer bringen Glück, sagt man.

Carsten Tsara drückt auf den Klingelknopf.

Eine Weile bleibt alles still. Dann hört er langsame Schritte in der Wohnung.

„Hallo?", ruft Carsten Tsara.

„Wer ist denn da?" Es ist die Stimme einer alten Frau.

„Mein Name ist Carsten Tsara. Könnte ich bitte Herrn Eisenreich sprechen?"

„Wen?"

„Herrn Christian Eisenreich?"

„Nein."

„Warum denn nicht?"

„Mein Mann ist tot, …"

„Oh, das tut mir leid."

„… seit zweiundzwanzig Jahren."

„Und einen anderen Christian Eisenreich gibt's hier nicht?"

„Einen anderen?"

„Einen Sohn vielleicht?"

„Ich habe keinen Sohn. Ich bin allein."

„Danke, Frau Eisenreich. Entschuldigen Sie bitte die Störung. Auf Wiedersehen."

Die Frau gibt keine Antwort.

Carsten Tsara geht zum Auto zurück.

Er hat noch eine zweite Chance: C. Eisenreich.

Er nimmt das Handy und wählt die Nummer.

„Ja, hallo?" Es ist wieder eine Frauenstimme, aber diesmal eine jüngere.

„Guten Tag", sagt Carsten Tsara, „hier spricht Müller. Könnte ich bitte Herrn Eisenreich sprechen?"

„Na, da haben Sie ja wohl die falsche Nummer gewählt, was?"

„Im Telefonbuch steht ‚C. Eisenreich'…"

„Na und?"

„Das C. steht also nicht für Christian?"

33

„Wieso denn Christian? Was soll'n das werden, hier? Wollen Sie 'n Quiz machen, oder was? Wollen Sie mir was verkaufen?"

Carsten Tsara legt einfach auf.

5 Nein, *die* kennt keinen Christian Eisenreich. So viel ist sicher.

Was nun?

Carsten Tsara blickt auf die Uhr. Es ist kurz vor halb acht. Um neun hat Veronika Bär ihren Termin mit ‚CE' in der 10 Elsholtzstraße. Er kennt den Straßennamen, aber er weiß nicht, woher. Er möchte dort sein, bevor Frau Bär hinkommt. Er öffnet den Stadtplan. Die Elsholtzstraße ist nicht sehr weit vom Büro entfernt.

Carsten Tsara startet den Motor und fährt los.

15 Was habe ich heute erreicht?

Nichts.

Gar nichts.

Null.

Es ist deprimierend. Vielleicht sollte ich wirklich einen 20 Bettenladen aufmachen.

Das Handy klingelt.

„Ja?"

„Sie machen also noch immer weiter?" Es ist die Stimme des Mannes, der gestern schon mal angerufen hat. „Das ist 25 dumm. Dumm und gefährlich!"

„Wer sind Sie?" Carsten Tsara bekommt keine Antwort. Das Gespräch ist zu Ende. Auf dem Display steht wieder nur: ‚Unbekannte Nummer'.

„Das ist doch wirklich wie in einem Gangsterfilm!", ruft 30 er.

34

Plötzlich erinnert er sich. Elsholtzstraße. Natürlich. Dort war dieses gemütliche Kino mit den schönen alten amerikanischen Filmen. Das Kino, in dem er zum ersten Mal seine geliebten Marx Brothers gesehen hat. 5

Ach, ist das lange her! Carsten Tsara lächelt.

Das muss vor fünfzehn Jahren gewesen sein. Das Kino hat leider ziemlich bald danach zugemacht. Es war zu klein und sein Programm war viel zu exotisch. Die Leute sind lieber in die neuen, großen Kinos gegangen und haben sich 10 die aktuellen Filme angesehen.

Tja, die Zeit vergeht. Carsten Tsara lächelt nicht mehr.

Inzwischen ist sein halbes Leben vorbei, und das kleine alte Kino hat sicher einem großen neuen Bürohaus Platz machen müssen. 15

Langsam fährt er durch die Elsholtzstraße und sucht einen freien Parkplatz. Aber es gibt keinen. Das Problem hatte ich hier schon damals immer, denkt er.

Ach guck mal da: Das Kinogebäude gibt's noch! Es sieht gar nicht mal so schlecht aus. Was ist denn da jetzt drin? 20 Ein Laden, oder was?

‚Theater im Lichtspielhaus' liest Carsten Tsara im Vorbeifahren auf dem großen Schild über der Eingangstür. Ein Theater? Ein Parkplatz wäre mir lieber.

Es dauert fast eine halbe Stunde, bis er drei Straßen weiter 25 endlich einen findet.

Schnell schließt er das Auto ab und macht sich zu Fuß auf den Weg.

Der anonyme Anrufer fällt ihm wieder ein. Er sieht sich um, bemerkt aber nichts Ungewöhnliches: Autos, Radfah- 30 rer, ein paar Fußgänger, ein Mann mit Hund.

Er erreicht die Elsholtzstraße. Das erste Haus, das er sieht, hat die Nummer 23. Er geht weiter zur 21, zur 19. Dann kommt das ‚Theater im Lichtspielhaus' und danach das Haus mit der Nummer 15. 35

Wo ist denn die 17? Hat er etwas übersehen?

Er geht noch mal zurück. Nein. Das Haus vor dem Theater hat die Nummer 19, das Haus danach die Nummer 15.

Er schüttelt den Kopf. Wollen die sich etwa im Theater treffen?

Er geht zum Eingang und zieht an der Tür. Sie ist zu. Auf einem Schild steht: ‚Wir renovieren. Während des Umbaus bleibt das Theater geschlossen. Wir danken für Ihr Verständnis.' Es ist Viertel vor neun.

Was mache ich hier eigentlich?, denkt er.

Hier ist niemand und wahrscheinlich kommt auch keiner mehr.

Tja, das ist dann wohl das deprimierende Ende eines deprimierenden Tages.

Auf der anderen Straßenseite ist eine Kneipe. Er geht hinüber. Die Tische sind alle frei, nur an den Spielautomaten stehen ein paar Gäste. Die Musik ist schrecklich und viel zu laut. Er bestellt ein Bier, setzt sich ans Fenster und sieht zum Theatereingang hinüber.

Theater passt, denkt er.

Ein anonymer Anrufer, der alles weiß.

Ein Stalker, der auf Gartenmauern klettert.

Ein Glücksspieler, der ein Handy hat, aber keine Wohnung.

Ein Millionenbetrüger, der noch ein Jahr nach seinem Tod Fingerabdrücke auf Fotos macht.

Eine reiche Beraterin, die eine Beretta im Schrank hat.

Dieser Fall hat wirklich viel Ähnlichkeit mit einem schlechten Theaterstück: Nichts stimmt. Nichts passt zusammen.

Er weiß nicht mehr weiter.

Er fühlt sich müde und alt.

Sogar das Bier schmeckt alt.

Ab Montag suche ich mir einen neuen Job, denkt er. Wenn ich mit fünfunddreißig überhaupt noch einen bekomme.

Drüben, vor dem Theater, bleibt ein roter Kleinbus stehen. Ein Mann steigt aus. Er ist etwa Ende dreißig, schlank, mittelgroß und hat dunkle Haare. Er geht zu einem Seiteneingang des Theaters und bleibt dort stehen. Was macht er denn da? Ah, er holt einen Schlüssel aus der Hosentasche. Die Tür geht auf und der Mann verschwindet im Theater. Es ist zwei Minuten vor neun.

War das Eisenreich?

Carsten Tsara legt Geld neben das halb volle Bierglas.

Wann kommt sie?

Es ist fünf nach neun.

Sie kommt nicht.

Es ist neun nach neun.

Sie kommt zu Fuß. Ihre Handtasche ist schwerer, als eine Handtasche sein sollte. Sie geht zur Eingangstür und nimmt den Griff in die Hand.

Falsche Tür, Mädel, denkt er. Zur anderen musst du gehen.

Jetzt hat sie den Seiteneingang gefunden. Sie sieht sich noch einmal kurz um. Dann ist sie weg.

19

„Ich habe wirklich nichts davon gewusst!"

Es ist ihre Stimme. Woher kommt sie? In dem kleinen Raum hinter dem Seiteneingang ist es dunkel. Am anderen Ende sieht Carsten Tsara noch eine Tür und dahinter ein schwaches Licht. Langsam und vorsichtig nähert er sich.

„Von dem Geld hab ich nie etwas gesehen!"

Ein leises Lachen kommt als Antwort.

„Keinen einzigen Cent, ehrlich!"

„Die schöne Frau Bär!" Die Stimme des Mannes ist leise und klingt gefährlich. „Johanns Prinzessin. Sie hat nichts gesehen. Sie hat nichts gewusst. Die Frau, für die er alles getan hat, für die er sein ganzes Geld zum Fenster hinausgeworfen hat, für die er seine gut gehende Firma kaputt gemacht hat, für die er am Schluss sogar zum Betrüger geworden ist. Die schöne Frau Bär hat nichts bekommen."

Er lacht wieder.

Carsten Tsara hat jetzt die Tür erreicht und blickt um die
5 Ecke. Veronika Bär steht mit dem Rücken zu ihm vor einem kleinen Tisch, auf dem eine Kerze brennt. Die schwere Handtasche hängt um ihre linke Schulter. Auf einem Stuhl hinter dem Tischchen sitzt der Mann mit den dunklen Haaren.

10 „Du musst mir glauben, Chris!" Ihre Stimme ist unsicher.

„Dir glauben?" Er greift in seine Jacke. Frau Bärs linke Hand sucht nach der Handtasche. Er holt ein zusammengefaltetes Papier aus seiner Jacke und wirft es auf den Tisch.

15 „Da!"

„Ich verstehe nicht. Was ist das?"

„Da steht alles, was heute Abend für uns wichtig ist." Sie beugt sich vor, nimmt den Zettel, faltet ihn auseinander und liest. Einige Sekunden lang ist es völlig still. Dann steht
20 er so schnell auf, dass der Stuhl umfällt.

„Verstehst du nun? Ich will auch etwas haben!"

Sie hält ihm das Blatt Papier vor die Nase. Er achtet nicht darauf.

„Du musst mir meinen Anteil geben!"

25 Sie lässt das Papier los. Er sieht es zu Boden fallen, und plötzlich ist die Pistole in ihrer Hand.

„Deinen Anteil? Den sollst du haben!"

„Nein!", ruft Carsten Tsara.

Der Schuss ist so laut, dass er einen Moment lang fast
30 nichts mehr hört. Aber er kann das Gesicht des Mannes gut sehen. Keine Angst ist darin, kein Schrecken, nur Überraschung. Dann fällt Christian Eisenreich zu Boden.

‚Zu spät!', ist Carsten Tsaras einziger Gedanke.

Die Beretta zeigt jetzt in seine Richtung.

35 „Kommen Sie näher, Tsara!"

Er hebt langsam die Hände.

„Na los!"

Er macht einen kleinen Schritt auf sie zu.

„Näher!"

Er macht einen zweiten Schritt.

„Noch näher!" Ihre Stimme ist kalt wie Eis. „Es soll ja wie   5
Selbstmord aussehen!"

Er schließt die Augen.

Seine Gedanken fliegen los.

Warum hat er nicht den Fall Schneider bearbeitet? Diesen schönen, ruhigen, wunderbar langweiligen und völlig   10
ungefährlichen Fall Schneider? Warum hat den falschen
Beruf gewählt? Warum ist er nicht Pizzabäcker geworden?
Warum muss er jetzt sterben? Warum heute? Warum an
seinem Geburtstag? *Midlife-Crisis*? Ha! Ende!

Und was für ein dummes Ende!   15

Carsten Tsara muss lachen.

Seine Eltern. ... Die drei Fotoalben. ... Da muss man
doch lachen, oder? ... Kein viertes Fotoalbum. ... Hahaha!
... Ist das nicht lustig? ... Was ist eigentlich los? ... Warum
schießt sie denn nicht?   20

Er macht die Augen auf.

Sie ist weg.

Nur ihr Parfüm ist noch in der Luft.

Wo ist sie?

Wo ist Eisenreich?   25

Hat er geträumt?

Ist er schon tot?

Der Tisch ... die Kerze ... auf dem Boden der Zettel.

Carsten Tsara hebt ihn auf.

„35!"   30

Er dreht das Papier um. Die Rückseite ist leer.

So leer wie sein Kopf.

Ganz langsam wird es heller im Raum. Was im Kerzen-
licht gerade noch wie eine dunkle Wand ausgesehen hat,
ist ein Vorhang. Der Vorhang geht auf und gibt den Blick   35

frei auf einen Zuschauerraum, in dem zwanzig oder dreißig Menschen stehen:

Veronika Bär und Christian Eisenreich …

Happy birthday to you!

5 Verena Müller … Frau Heilmann … Walter Braun … die Kollegen aus dem Büro …

Happy birthday to you!

Andreas Gastl … Mama … Papa …

Happy birthday,

10 Angelo und seine Mitarbeiter aus der Pizzeria …

lieber Carsten,

und noch einige Leute, die er nicht erkennt …

Happy birthday to you!

‚Nanu‘, denkt der Detektiv, ‚was ist denn plötzlich mit
15 meinen Augen los?‘

Was soll schon los sein, Carsten? Du weinst.

20

20 „Verena hatte die erste Idee“, sagt Frau Bär, während Angelo und seine Mitarbeiter die Gläser mit Wein füllen und die ersten Teller mit Pizza von draußen hereinbringen. „Alles andere war Teamarbeit.“

„Genau!“, ruft Frau Heilmann. „Richtig toll war das. Alle
25 haben mitgemacht, Herr Tsara. Nur Sie, der Superdetektiv, haben mal wieder gar nichts gemerkt!“

Großes Gelächter.

„Übrigens: Meine Freundin Ulla Bär leitet dieses Theater“, ergänzt Verena Müller. „Sie hat bei unserem kleinen
30 ‚Stück‘ auch die Regie geführt.“

„Ulla? Ich habe gedacht, Sie heißen Veronika.“

„Wir haben meinen Vornamen geändert. Unter ‚Ulla Bär‘ können Sie im Internet nämlich jede Menge Informationen über dieses Theater und über mich finden. Das wollten wir
35 natürlich nicht.“

„Ja, aber auf dem Schild an Ihrer Villa steht ‚V. B.‘“

40

„Meine Villa?", lacht Ulla Bär. „Meinen Sie wirklich, mit Theaterspielen kann man so viel Geld verdienen?"

„Das Haus in Nymphenburg gehört einem Rechtsanwalt, einem guten Bekannten von mir", sagt Verena Müller. „Und das Schild haben wir extra machen lassen. Das war nicht billig, aber für meinen alten Carsten Tsara ist mir nichts zu teuer!"

„Aber, aber, … diesen Fall Johann Schwab", ruft Carsten Tsara, „den hat's wirklich gegeben. Ich habe die Artikel dazu selbst im *Abendkurier* gefunden."

„Tja, das war meine Idee", antwortet Andreas Gastl. „Schließlich haben wir ja ein bisschen was Echtes gebraucht, ein bisschen Realität, nicht wahr, Verena?"

„Richtig, Andi", sagt Frau Müller.

„Andi? Verena?", sagt Carsten Tsara, „Woher kennt ihr euch denn?"

„Glaubst du, ich bin dumm? Ich weiß schon seit Jahren, wer dir immer diese wertvollen Infos aus dem Polizeicomputer gibt. Also hab ich deinen Freund einfach angerufen und ihm von unserer Geburtstagsidee erzählt."

„Es hat richtig Spaß gemacht", sagt Andreas Gastl. „Wir haben unsern alten ungelösten Fall Schwab genommen und … Simsalabim! … schon hatten wir den neuen Fall Tsara."

„Und der Fingerabdruck auf dem Foto?"

„Der ist von mir!", lacht Walter Braun und wieder lachen alle mit. „Ich hab auch alle Fotos gemacht."

Carsten Tsara schüttelt den Kopf. Er versteht die Sache noch immer nicht ganz.

„Aber euer Plan hat nur funktioniert, weil ich mitgespielt habe. Wie habt ihr das denn vorher wissen können?"

„Na, das war das Allereinfachste!", ruft Verena Müller. „Ich kenne doch meinen lieben Carsten!"

„Sie hat zu mir gesagt: Nimm alte Akten und ein paar Ordner, davon bekommt er sofort Depressionen", sagt einer

41

der Partygäste. Carsten Tsara kennt den Mann nicht, aber die Stimme hat er schon zweimal am Telefon gehört.

„Herr Schneider?"

„Henry Schneider, Schauspieler. Ich gehöre auch zu Ullas Gruppe. Die Akten kannst du gleich morgen früh in den Papierkorb werfen!"

Wieder gibt es ein herzliches Gelächter. Dann deutet Henry Schneider auf einen anderen Mann, der neben ihm steht. „Das ist übrigens mein Freund Willi. Sag mal was, Willi!"

„Sie sind schon fünfunddreißig und machen immer noch weiter? Das ist nicht gut, Tsara!" Der anonyme Anrufer!

Carsten Tsara weiß nicht mehr, was er noch sagen soll. Er weiß auch nicht, soll er jetzt lachen oder weinen? Lachen *und* weinen, vielleicht? Ist es nicht wunderbar, solche Freunde und Kollegen zu haben? Ist es nicht einfach herrlich, ein fünfunddreißig Jahre alter Privatdetektiv zu sein?

Sein Blick fällt auf seine Mutter und seinen Vater, der gerade die neue Digitalkamera aus der Tasche holt.

„Und ihr beide habt also auch mitgemacht?", fragt Carsten Tsara.

„Aber nein!", ruft Verena Müller. „Deine Eltern haben von nichts gewusst! Wir haben sie nur zu einer Überraschungsparty für dich eingeladen."

„Und wir sind gekommen, wie du siehst", sagt Mama.

Papa nimmt die Kamera hoch.

‚O je!', denkt Carsten Tsara. ‚Das erste Bild fürs vierte Album!'.

„Cheese!"

„Moment! Wart' mal 'ne Sekunde!", ruft der Detektiv und zieht Ulla Bär an seine Seite.

„So! ... Jetzt kannst du abdrücken!"

Worterklärungen

Titel

ein falsches Spiel spielen *(Redewendung)*	einer Person nicht die Wahrheit sagen; eine Person falsche Tatsachen glauben lassen

Kapitel 1

S. 3

die Detektei, -en	das Detektivbüro
die Locke, -n	Haare, die sich drehen; die nicht glatt sind
jemandem einen prüfenden Blick schenken	jemanden sehr genau und kritisch ansehen
die Sekretärin, -nen	Mitarbeiterin in einem Unternehmen, die Anrufe beantwortet und Termine für ihren Chef / ihre Chefin ausmacht
das Parfüm, -e/-s	eine Flüssigkeit, die gut riecht
ergänzen	hinzufügen; noch eine Information mehr geben

Kapitel 2

S. 4

der Fall, ̈-e	*hier:* eine bestimmte Aufgabe, die Tsara bearbeiten muss
der Kaffeerand, ̈-er	kreisförmiger Kaffeefleck auf dem Tisch
gegen etwas knallen	hart gegen etwas schlagen

Kapitel 3

S. 5

jemandem etwas aufs Auge drücken	jemandem etwas geben, was der gar nicht haben möchte
der Unternehmer, -	Person, der eine Firma gehört
die Konkurrenzfirma, -en	andere Firma, die das gleiche Produkt herstellt und verkauft
die Akte, -n	Sammlung von mehreren Dokumenten zu einem gleichen Thema

wichtige Beziehungen haben	*hier:* Leute in wichtigen Positionen kennen, die einem weiterhelfen können
der Papierkram *(Sg.) (umgangssprachlich)*	Arbeit, die mit viel Papier (Briefen, Dokumenten etc.) zu tun hat
der Schreibtischjob, -s *(umgangssprachlich)*	langweilige Arbeit, bei der man nur am Schreibtisch sitzt
papperlapapp	Ausdruck für „Sprich keinen Unsinn!"
und damit basta!	Ausdruck für „Ich lasse keine weitere Diskussion zu!"
das Gebet, -e	religiöse Handlung, bei der man zu einer höheren Macht spricht (z.B. zu Gott) hier: bestimmter Satz oder bestimmte Formel, den/die man immer wieder wiederholt

S. 6

peinlich	sehr unangenehm; wenn man sich für sich selber schämt
die Ausrede, -n	schlechte Entschuldigung für etwas
Himmel noch mal!	Ausruf für „Das ärgert mich!"
die Midlife-Crisis, *(Sg.) (aus dem Englischen)*	Krise in der Mitte des Lebens. Man fühlt sich unglücklich, weil das halbe Leben schon vorbei ist.
die Karriere, -n	schnelles berufliches Weiterkommen; schnell in eine leitende Position kommen
seufzen	laut ausatmen als Zeichen dafür, dass man Sorgen hat

Kapitel 4

S. 7

der Mitarbeiter, -	Person, die in der gleichen Firma arbeitet
der Klient, -en	Person, die bei Fachleuten Hilfe für ein bestimmtes Problem sucht (gegen Bezahlung)
der Stalker, - *(aus dem Englischen)*	ein Mensch, der einen anderen gegen dessen Willen verfolgt
der Computerausdruck, -e	Bild oder Dokument, das mit einem Drucker produziert wurde
auf etwas deuten	mit dem Finger auf etwas zeigen

S. 8	**die Briefmarke, -n**	Wertzeichen von der Post; Zeichen, dass man das Porto bezahlt hat
	umdrehen	auf die andere Seite drehen
	der Absender, -	Person, die einen Brief abgeschickt hat
	der Bulle, -n *(umgangssprachlich)*	Polizist (Gilt als Beleidigung, wenn man es direkt zu einem Polizisten sagt.)
	in etwas herumschnüffeln	private Dinge einer anderen Person durchsehen, weil man etwas sucht
	der Typ, -en *(umgangssprachlich)*	männliche Person (meistens jung). „Typ" kann positiv (toller Typ) oder negativ (blöder Typ) gemeint sein.
	hinter jemandem her sein	einer Person immer folgen und sie nicht in Ruhe lassen; jemanden jagen
	der Optimist, -en	Person, die alles sehr positiv sieht und das Leben liebt
	etwas übernehmen	bereit sein, eine Aufgabe zu bearbeiten
	sich melden	hier: die Hand hochheben, als Zeichen dafür, dass man eine Aufgabe übernehmen möchte
S. 9	**der Job, -s** *(umgangssprachlich)*	Aufgabe; kleiner Auftrag
	der Terminkalender, -	kleines Buch oder Heft, in dem man seine Termine notiert
	der Kollege, -n	Mitarbeiter (normalerweise in gleicher Position)
	im falschen Film sein *(Redewendung)*	Dinge erleben, die man überhaupt nicht versteht.

Kapitel 5

S. 10	**die Villa, Villen**	sehr großes und schönes Wohnhaus
	der Stock, Stockwerke	hier: alle Wohnungen und Räume eines Hauses, die auf gleicher Höhe sind. Synonyme: Etage, Stockwerk
S. 11	**jemanden beobachten**	einer Person bei etwas zusehen, ohne dass sie es merkt
	das Lächeln *(Sg.)*	freundlicher, fröhlicher Gesichtsausdruck

45

	klappen	funktionieren; erfolgreich bei etwas sein
	die Mücke, -n	kleines Insekt, das stechen kann

	der Abendkurier	Name einer Zeitung
S. 12	**armer Hund**	*hier:* arme Person
	die Mitternacht *(Sg.)*	12 Uhr nachts; Mitte der Nacht

Kapitel 6

S. 12	**der Klebefilm, -e**	Streifen aus Kunststoff, die kleben (normalerweise auf einer Rolle)
	unscharf	*hier:* nicht deutlich; nicht klar
S. 13	**die Lupe, -n**	Hilfsmittel (ähnlich wie eine Brille), mit dem man Dinge viel größer sehen kann

der Fingerabdruck, ¨-e

	vorbestraft	wenn eine Person schon einmal wegen eines Verbrechens eine Strafe bekommen hat
	jemanden identifizieren	(bei einem Verbrechen) genau sagen können, wer der Täter ist
	die Kriminalpolizei *(Sg.)*	Abteilung der Polizei, die Verbrechen untersucht
	der Hauptkommissar, -e	bestimmte berufliche Position bei der Polizei; Leiter einer Abteilung
	an Ort und Stelle	am richtigen Ort / an einem Ort, der dafür gut ist (*hier:* im Präsidium)
	das Präsidium *(Sg.)*	kurz für „Polizeipräsidium"; Polizeibehörde mit leitender Funktion
S. 14	**der Perverse, -n**	Person, die psychisch krank ist und zum Beispiel fremde Frauen heimlich beobachtet

der Erkennungsdienst, -e	Abteilung bei der Kriminalpolizei. Der Erkennungsdienst identifiziert Personen oder Dinge.
den Kopf schütteln	den Kopf mehrmals nach links und rechts drehen; *hier:* Körpersprache für „Das verstehe ich nicht."

S. 15 **richtig liegen** *(Redewendung)* — recht haben, das Richtige tun

ein starkes Stück sein	Ausdruck für „Das ist viel mehr, als ich erwartet habe." (meistens negativ gemeint)
der Kriminelle, -n	Verbrecher; Person, die gegen das Gesetz handelt
sich das Leben nehmen	sich selbst töten
der Millionenbetrüger, -	Person, die andere Menschen belügt, um viel Geld zu bekommen (hier Millionen)
der Selbstmord, -e	Man spricht von „Selbstmord", wenn eine Person sich selbst getötet hat.
das Untersuchungs-gefängnis, -se	Gebäude, in dem eine Person so lange eingesperrt bleibt, bis man sicher weiß, ob sie ein Verbrecher ist oder nicht
die Welt nicht mehr verstehen	Ausdruck für „gar nichts mehr verstehen"

S. 16 **der Betrugsfall, -̈e** — Fall, bei dem eine Person andere Menschen belügt, um Geld zu bekommen

keine Ahnung *(umgangssprachlich)* — Ausdruck für: „Ich weiß nichts über dieses Thema."

Kapitel 8

S. 17

das Archiv, -e	Ort, an dem alte und wichtige Dokumente liegen
das Handy, -s	Mobiltelefon; kleines Telefon zum Mitnehmen
die Finger von etwas lassen *(Redewendung)*	mit etwas aufhören; etwas nicht weitermachen
schießen	eine Schusswaffe (z. B. Pistole oder Revolver) benutzen; hier: ein Foto machen

klicken	sehr kurzes, helles Geräusch (z. B. wenn man den Telefonhörer auflegt)

Kapitel 9

S. 17	**der Kaufmann, Kaufleute**	Person, die beruflich Dinge kauft und verkauft
	die Untersuchungshaft *(Sg.)*	Zeit, die eine Person in einem Gefängnis verbringt, bis man sicher weiß, ob sie ein Verbrecher ist oder nicht
	das Gefängnis, -se	Gebäude, in dem Verbrecher für eine bestimmte Zeit eingesperrt sind
	das Verbrechen, -	Tat, die gegen das Gesetz ist; kriminelles Handeln
	das Glücksspiel, -e	Spiel, bei dem nicht Können, sondern der Zufall zum Erfolg führt (z. B. Lotto). Viele Glücksspiele sind verboten.
	der Glücksspieler, -	Person, die verbotene Glücksspiele spielt oder anbietet
	von etwas fehlt jede Spur	man kann etwas nicht mehr finden; etwas ist weg
S. 18	**die Festnahme, -n**	*(Substantiv von „festnehmen")* einen Verbrecher fangen und einsperren (darf nur die Polizei tun)
	der Beweis, -e	Nachweis, dass etwas wirklich getan wurde
	die Schuld *(Sg.)*	Verantwortung für eine schlechte Tat
	der Bankbetrug *(Sg.)*	Verbrechen, bei dem jemand eine Bank betrügt
	inhaftiert sein	im Gefängnis eingesperrt sein
	auf freiem Fuß sein *(Redewendung)*	in Freiheit sein; nicht im Gefängnis sein
	die Beteiligung *(Sg.)*	die Teilnahme, das Mitmachen bei etwas
	die Tat, -en	Handlung, Aktion
	das Motiv, -e	der Grund für eine Tat oder ein Verbrechen
	der Verlust, -e	*hier:* wenn ein Unternehmen mehr Geld verliert, als es einnimmt

Kapitel 10

S. 18	**anonym**	ohne seinen Namen zu nennen
S. 19	**Fragen kostet ja nichts** *(Redewendung)*	Fragen ist einfach und schadet niemandem.
	brummen	*hier:* etwas in einem nicht sehr herzlichen Ton sagen
	die Handschrift, -en	persönliche Schrift; wenn man etwas mit der Hand schreibt
	die Volksbank, -en	Name einer Bankenkette in Deutschland
S. 20	**die Geliebte, -n**	Frau, mit der sich ein (verheirateter) Mann heimlich trifft
S. 21	**die Spielschulden** *(Pl.)*	Man hat „Spielschulden", wenn man beim Glücksspiel mehr Geld verliert als man hat.
	gut ankommen	*hier:* beliebt sein
	es mit etwas zu tun haben	zu etwas gehören; mit etwas in Verbindung sein

Kapitel 11

S. 22	**viel von etwas halten**	etwas sehr gut finden
	seinen Job machen *(umgangssprachlich)*	seine Arbeit gut machen; zuverlässig sein
	etwas passt jemandem nicht	jemand findet etwas nicht gut; mag etwas nicht
S. 23	**die Disziplinlosigkeit, -en**	das Handeln gegen eine festgelegte Ordnung

Kapitel 12

S. 24	**chaotisch**	ohne System; unordentlich
	die Intuition, -en	das richtige Gefühl für etwas; plötzlich etwas verstehen, ohne es erklären zu können
	die Depression, -en	*hier:* schlechte und negative Stimmung
	höchste Zeit für etwas sein *(Redewendung)*	etwas ist dringend nötig
	das zentrale Telefon, -e	Haupttelefon für das ganze Büro
	die Ermittlung, -en	Untersuchung über den Verlauf eines Verbrechens
	der Zufall, ¨-e	etwas, was nicht geplant war

S. 25 **erledigt**   fertig; abgeschlossen

Kapitel 13

S. 26 **das Kompliment, -e**   positive Aussage über jemanden

der Berater, -   Person, die beruflich anderen Menschen Ratschläge gibt und bei Entscheidungen hilft

zur Sache kommen *(Redewendung)*   endlich sagen, worum es bei einer Sache geht

jemanden/etwas einordnen   wissen, zu wem jemand/etwas gehört

S. 27 **die Schublade, -n**   Schrankteil zum Herausziehen, in den man Sachen legen kann

der Würfel, -

die Serviette, -n   Tuch, mit dem man sich den Mund abwischen kann

der Korkenzieher, -   Hilfsmittel zum Öffnen von Weinflaschen

die Munition, -en   Material zum Schießen; Kugeln für eine Pistole

die Beretta 92   Markenname einer Pistole

die Pistole, -n   Schusswaffe; kleine Waffe, mit der man schießen kann

das Lesezeichen, -   Band/Schnur in einem Buch zum Markieren einer bestimmten Seite

Kapitel 14

S. 28 **eifersüchtig sein**   Angst haben, dass eine andere Person mehr von etwas bekommt als man selbst (z. B. mehr Liebe, Beachtung)

S. 29 **wenn ... fresse ich einen Besen** *(Redewendung)*   ganz sicher sein, dass etwas so ist

auf jemanden/etwas kommen   jemanden/etwas mit einer Sache in Verbindung bringen

gähnen	Zeichen für Müdigkeit oder Langeweile. Man öffnet den Mund sehr weit und macht manchmal dabei ein Geräusch.

Kapitel 15

S. 30	**an etwas liegen**	der Grund für etwas sein
	raffiniert sein	sehr klug und intelligent sein; mit vielen Tricks arbeiten
	die Femme fatale *(aus dem Französischen)*	sehr schöne und intelligente Frau, die Unordnung in das Leben von vielen Männern bringt
S. 31	**die Suchmaschine, -n**	Seite im Internet, mit der man nach anderen Webseiten suchen kann (z.B. Google)
	etwas verschieben	etwas später / ein anderes Mal machen

Kapitel 16

S. 32	**der rheinische Sauerbraten, -**	Spezialität aus dem Rheingebiet; Braten aus Rindfleisch mit einer süßsauren Soße
	der Abschnitt, -e	*hier:* bestimmte Zeitdauer / bestimmte Phase eines Lebens
	mit quietschenden Reifen starten	mit dem Auto schnell losfahren, sodass es ein lautes und unangenehmes Geräusch gibt

Kapitel 17

S. 32	**der Kaminkehrermeister, -**

S. 34	**das Quiz, -**	Spiel, bei dem eine Person verschiedene Fragen stellt und eine andere Person die richtige Antwort geben muss. Im Radio und Fernsehen gibt es oft Quiz-Sendungen.
	etwas erreichen	etwas schaffen, an einem Ziel ankommen

Kapitel 18

S. 35	**die Marx Brothers**	Gruppe US-amerikanischer Komiker, die mit ihren Filmen zwischen 1930 und 1950 berühmt wurden
	die Zeit vergeht *(Redewendung)*	Die Zeit rennt so schnell!
	das Lichtspielhaus, -̈er	altes Wort für „Kino"
S. 36	**renovieren**	etwas Altes (z. B. ein Haus) wieder neu und schön machen
	der Umbau, -ten	ein Haus oder Zimmer grundlegend verändern (z. B. alte Wände abreißen oder neue Wände bauen)
	der Spielautomat, -en	Automat, mit dem man gegen Geld Glücksspiele spielen kann (stehen oft in Kneipen)
S. 37	**das Mädel, -** *(umgangssprachlich)*	Mädchen; junge Frau

Kapitel 19

S. 37	**die Prinzessin, -nen**	Tochter eines Königs; hier: Mädchen, das alles bekommt, was es haben möchte.
	das Geld zum Fenster hinauswerfen *(Redewendung)*	sehr viel Geld für unwichtige Dinge ausgeben
S. 38	**die Kerze, -n**	
	zusammengefaltet	kleiner gemacht, sodass es besser in etwas hineinpasst (z. B. ein zusammengefaltetes Stück Papier im Geldbeutel)
	der Anteil, -e	Teil von etwas (z. B. Geld), der einer bestimmten Person gehört
	der Schuss, -̈e	das Abschießen einer Waffe z. B. einer Pistole
S. 39	**der Vorhang, -̈e**	eine Art „Wand" aus Stoff, die man zur Seite ziehen kann (z. B. oft vor Fenstern)

S. 40   **der Zuschauerraum, ⁺e**   Bereich in einem Theater, in dem das
                                                 Publikum sitzt

Kapitel 20

S. 40   **das Gelächter** *(Sg.)*   lautes Lachen von einer oder mehreren
                                                   Personen

  die Regie führen   bei einem Film oder Theaterstück die kreative
                                                   Leitung übernehmen

S. 41   **der Rechtsanwalt, ⁺e**   Person, die ‚Recht' studiert hat.
                                                   Sie unterstützt Privatpersonen vor Gericht.

  Simsalabim   Wort, das Zauberer oder Hexen beim Zaubern
                                                   benutzen

  bei etwas mitspielen   *hier:* etwas genau so tun, wie andere es
                                                   möchten

S. 42   **Cheese!** *(englisch)*   Ausdruck für „Bitte lächeln!", wenn man
                                                   jemanden fotografiert

  abdrücken   mit einer Pistole schießen; *hier:* ein Foto
                                                   machen

Übungen

A In diesem Kapitel lernen Sie verschiedene Personen kennen. Wer ist wer? Ordnen Sie zu:

1. Carsten Tsara   a) Chefin der Detektei Müller
2. Verena Müller   b) schöne Frau im weißen Kleid
3. Frau Heilmann   c) Detektiv
4. *Sie*   d) Sekretärin der Detektei

B „Geh'n Sie doch einfach ran.", sagt die Sekretärin zu Carsten Tsara. Welches Bild hat Tsara im Kopf, welches die Sekretärin? Ziehen Sie Linien:

Carsten Tsara

die Sekretärin

Tsara telefoniert mit Herrn Schneider. Wer sagt was? (T = Tsara, S = Herr Schneider) Bringen Sie das Gespräch in die richtige Reihenfolge.

		a) Erst Montagnachmittag? Na gut! Aber dann ganz sicher!
T	2	b) Ja ich weiß, aber ich bin noch nicht ganz fertig ...
		c) Immer noch nicht fertig? Der Fall ist doch ganz einfach!
		d) Ja, Herr Schneider, ganz sicher!
		e) Warum fragen Sie dann nicht im Büro, ob Ihnen jemand helfen kann?
		f) Ach so, Sie sind fast fertig. Wann haben Sie denn das Ergebnis?
		g) Nein, ich brauche keine Hilfe ... So schwierig ist es nun auch wieder nicht.
		h) Oder vielleicht sollte ich mit Ihrer Chefin sprechen.
		i) Das Ergebnis? ... Äh ... Sagen wir: Montag ... Montagnachmittag.
S	1	j) Sie arbeiten jetzt schon vierzehn Tage an meinem Fall, und ich habe immer noch nichts von Ihnen gehört. Der Fall muss aber sehr dringend gelöst werden.
		k) Nein, Sie müssen nicht mit Frau Müller sprechen ... Ich bin ja fast fertig.
		l) Einfach? Also, ich finde, dieser Fall ist ziemlich schwierig.

Kapitel 3

A Woran merken Sie, dass Carsten Tsara den ‚Fall Schneider' nicht bearbeiten möchte? Unterstreichen Sie mindestens vier Aussagen im Text.

B Tsara denkt, er kommt gerade in die *Midlife-Crisis*. Wie hat er sich seine Zukunft mit 20 Jahren vorgestellt? Wie, glauben Sie, ist sein Leben im Moment? Notieren Sie:

> seine Zukunftsvorstellung mit 20 Jahren
> *spannender Beruf*
> ...

> sein Leben mit 35 Jahren

Kapitel 4

A Was für ein Problem hat Veronika Bär? Kreuzen Sie an:

▓ a) Sie ist ein Stalker.
▓ b) Jemand benutzt ihren Computer für seine Computerausdrucke.
▓ c) Jemand macht heimlich Fotos von ihr.

B Woran merkt man, dass Tsara den ‚Fall Bär' gerne bearbeiten möchte? Unterstreichen Sie mindestens drei Stellen im Text.

C Warum, glauben Sie, gibt Verena Müller Walter Braun den Auftrag (und nicht Carsten Tsara)? Schreiben Sie ein bis zwei Sätze.

A „Aber Carsten Tsara kann für Herrn Schneider heute nichts mehr tun." Diese Aussage ist so nicht richtig. Welches Modalverb macht die Aussage richtig? Kreuzen Sie an. (Es sind mehrere Lösungen möglich).

- a) darf
- b) muss
- c) will
- d) möchte
- e) soll

B Woher weiß Tsara, wo Veronika Bär wohnt? Schreiben Sie einen Satz.

C Was tut Carsten Tsara im Park? Lesen Sie den Text. Streichen Sie falsche Aussagen durch und schreiben Sie (wo möglich) die richtige Aussage darüber.

Tsara geht zum Kiosk und kauft eine Zeitung, damit er die Villa unauffällig beobachten kann. Dann fällt ihm der Swimmingpool ein. Er geht zur Villa und klettert über die Gartenmauer, damit er den Swimmingpool sehen kann. Danach geht er wieder zurück zum Park. Er kauft sich beim Kiosk eine Packung Zigaretten und fragt den Verkäufer, ob er etwas Seltsames beobachtet hat. Der Verkäufer antwortet: „Ich schließe gleich. Danach können wir uns in Ruhe unterhalten." Die Zeit vergeht nur langsam und Carsten Tsara wird es kalt. Es wird dunkel und in dem Zimmer hinter dem

Balkon geht ein Licht an. Um Mitternacht fährt ein roter
Sportwagen die Parkallee entlang. Das Auto hält vor dem
Haus von Frau Bär. In dem Wagen sitzt ein Mann und beob-
achtet das Haus.

Kapitel 6

A Was ist richtig? Kreuzen Sie an:

- a) Tsara ist im Büro und trinkt dort seinen Kaffee.
- b) Er freut sich auf die Schreibtischarbeit für den ‚Fall Schneider'.
- c) An Tsaras Wohnungstür hängt ein weißer Briefumschlag, in dem ein Foto ist.
- d) Auf dem Foto sieht man den Stalker ungefähr fünf- zehn Meter hinter Tsara im Park.
- e) Das Foto ist ein Computerausdruck, wie die Fotos von Frau Bär.
- f) Tsara findet im Umschlag einen Zettel, auf dem steht: Ich weiß, wer du bist und was du tust.
- g) Auf dem Foto ist ein Fingerabdruck, der nicht von Tsara sein kann.
- h) Carsten Tsara und Andreas Gastl sind Arbeitskollegen.

B „Der alte Carsten! Was willst denn du schon wieder?"So begrüßt Andreas Gastl Tsara am Telefon. Wie meint er das? Kreuzen Sie an.

- a) Er will damit sagen, dass Carsten Tsara eigentlich schon zu alt zum Arbeiten ist.
- b) Er sagt das nur aus Spaß so. In Wirklichkeit freut er sich, dass Tsara ihn anruft.
- c) Er will Tsara damit sagen, dass er ihn nicht mehr so oft anrufen soll.

Kapitel 7

A „Vielleicht ist dieser Fotograf ja ein alter Bekannter von euch."
(S. 14/ Zeile 15/16) Was meint Tsara damit? Kreuzen Sie an.

▦ a) Tsara glaubt, dass der Fotograf bei der Münchner
Kriminalpolizei arbeitet.

▦ b) Tsara hofft, dass der Fotograf schon früher kriminell
war und bei der Kriminalpolizei in den Akten steht.

▦ c) Tsara denkt, dass Andreas Gastl kriminelle Freunde
hat.

B Von wem ist der Fingerabdruck und was erfahren Sie über diese
Person? Notieren Sie mindestens drei Punkte.

Kapitel 6 und 7

**Wie ist das Verhältnis zwischen Carsten Tsara und Andreas Gastl?
Kreisen Sie die passenden Wörter ein.**

herzlich   höflich   kühl   freundschaftlich   fröhlich

distanziert   freundlich   locker   vertraut

humorvoll   reserviert   nett   abweisend

Kapitel 8

A Wer hat das Foto gemacht und wann? Tsara fallen zwei Antworten
ein. Doch keine der Antworten ist richtig. Warum nicht? Schreiben
Sie auf:

Antwort 1:

Der Mann, der das Foto   Nicht richtig, weil _____
gemacht hat, lebt noch.
_____

Antwort 2:

Das Foto ist mindestens
ein Jahr alt.

Nicht richtig, weil _____

_____

B Ein unbekannter Anrufer sagt zu Tsara am Telefon: „Wir können
mehr als Fotos schießen." Wer könnte der Anrufer sein und was
möchte er damit sagen? Kreuzen Sie an.

▨ a) Der Anrufer ist vielleicht der Stalker, und er möchte
damit sagen, dass er auch mit einer Pistole schießen
kann.

▨ b) Der Anrufer ist ein professioneller Fotograf und
möchte Werbung für sein Fotostudio machen.

▨ c) Der Anrufer ist vielleicht der Stalker, und er möchte
damit sagen, dass er auch Filme machen kann.

Kapitel 9

A Drei Zeitungsartikel mit verschiedenen Informationen. Was erfährt
Tsara über das Geld, Johann Schwabe und Christian E.? Tsara hat
sich Notizen gemacht. Ergänzen Sie die Notizzettel in Stichpunkten:

Erster Artikel: 22. September

• Johann Schwabe: *Münchner Kaufmann,* _____

_____

• Christian E.: _____

_____

• Geld: _____

_____

Zweiter Artikel: 4. Oktober

- Johann Schwabe: _____
  _____

- Christian E.: _____
  _____

- Geld: _____
  _____

Dritter Artikel: 30. März

- Johann Schwabes Unternehmen: _____
  _____

- Christian E.: _____
  _____

- Geld: _____
  _____

**B Welche Wörter in den Zeitungsartikeln haben mit „Kriminalität"
zu tun?**

Kriminalität

vorbestraft

In diesem Kapitel findet Tsara neue Sachen heraus und glaubt, dass er jetzt ein paar Lösungen gefunden hat. Was genau glaubt Tsara? Füllen Sie die Lücken aus:

Fingerabdruck
kennt
Stalker
Glücksspielen

befreundet
betrogen
Geliebte

reich
18 Millionen
Herr Eisenreich

Tsara glaubt, dass

a) der _____ von Johann Schwabe schon vor dem Ausdrucken auf dem Papier war und dass der _____ dieses Papier jetzt benutzt.

b) Herr Eisenreich mit Herrn Schwabe _____ war.

c) Herr Eisenreich Frau Bär _____, weil sie die _____ von Johann Schwabe war.

d) Herr Schwabe sein ganzes Geld mit _____ verloren hat und deshalb die Banken _____ hat.

e) Veronika Bär jetzt die _____ hat, weil sie sehr _____ ist.

f) _____ der Stalker ist, der jetzt das Geld von Frau Bär haben will.

Warum ist Verena Müller sauer auf Carsten Tsara? Und wie reagiert sie? Verbinden Sie die Satzteile miteinander.

1. Verena Müller ist sauer,

2. Herr Schneider hat bei Verena Müller angerufen,

3. Verena Müller weiß, dass Tsara im Park war,

4. Tsara muss den ‚Fall Schneider' abgeben und ab jetzt einen wöchentlichen Arbeitsbericht schreiben,

a) weil Tsara sich gar nicht bei ihm meldet.

b) weil sie das Foto von Tsara im Park hat.

c) weil sie weiß, dass Tsara nicht am ‚Fall Schneider' arbeitet.

d) weil sich seine Chefin nicht ihre Firma kaputt machen lassen möchte.

Kapitel 12

A Tsara soll einen Arbeitsbericht schreiben. Was muss in dem Bericht unter „Donnerstag" und „Freitag" stehen, wenn er die Wahrheit schreibt? Notieren Sie in Stichpunkten.

Donnerstag	Freitag
– Mit Herrn Schneider telefoniert	–
–	–
–	–
–	–

**B Warum nennt Tsara im Telefongespräch Frau Bär *Frau Schwabe*?
Kreuzen Sie an.**

a) Er ist sich jetzt ganz sicher, dass sie mit Herrn Schwabe verheiratet war.

b) Er hat nur die beiden Namen durcheinander gebracht.

c) Er möchte testen, wie sie darauf reagiert.

d) Er hat nur undeutlich gesprochen. In Wirklichkeit hat er *Frau Bär* gesagt.

Kapitel 13

A Veronika Bär macht zwei Dinge zu, während Carsten Tsara bei ihr ist. Welche sind das? Notieren Sie:

1. _____

2. _____

B Tsara findet in dem Schrank verschiedene Dinge. Welche davon interessieren ihn besonders? Kreisen Sie ein:

Korkenzieher   Flaschen   Spielkarten

Beretta 92   Würfel   Flaschenöffner

Servietten   Gläser   Munition

Kapitel 14

A Veronika Bär hat alle Fragen Tsaras beantwortet. Was sagt sie über Christian Eisenreich, Johann Schwabe und den Stalker? Notieren Sie in Stichpunkten:

Christian Eisenreich	Johann Schwabe	der Stalker
_____	_____	_____
_____	_____	_____
_____	_____	_____

B „Wenn ‚CE' nicht Christian Eisenreich ist, fresse ich einen Besen.",
denkt Carsten Tsara. (S. 29 / Zeile 5/6) In welcher Situation kann
man diese Redewendung benutzen? Kreuzen Sie an:

- a) Wenn man sehr großen Hunger hat.
- b) Wenn man sich ganz sicher über etwas ist und weiß,
  dass man recht hat.
- c) Wenn man sich nicht sicher über etwas ist und noch
  Ordnung in die Gedanken bringen muss.

Kapitel 15

Lesen Sie das Kapitel noch einmal und beantworten Sie die Fragen mit
„ja" oder „nein".

- a) Glaubt Tsara, dass alle Pizzabäcker glücklich sind, weil
  Pizzabacken glücklich macht? _____
- b) Ist Tsara im Moment mit sich selbst zufrieden? _____
- c) Findet Carsten Tsara im Telefonbuch unter ‚Christian
  Eisenreich' jemanden? _____
- d) Findet Tsara im Internet etwas über Veronika Bär als
  Beraterin? _____
- e) Hat Tsara bereits auf den Geburtstagsanruf seiner Eltern
  gewartet? _____
- f) Fährt Tsara zum Frühstücken zu seinen Eltern? _____

Kapitel 16

Wie verbringt Tsara seinen Geburtstag? Schreiben Sie 2–4 Sätze.

_____

_____

_____

_____

A Tsara hofft, dass eine der beiden Personen aus dem Telefonbuch Christian Eisenreich ist. Er hat aber Pech. Warum sind beide ganz sicher nicht *der* Christian Eisenreich, den er sucht?

a) Der Kaminkehrermeister ist es nicht, weil

b) C. Eisenreich ist es nicht, weil

B Was glauben Sie: Wer ist der anonyme Anrufer?

a) Christian Eisenreich
b) Tsaras Kollege Walter
c) der Stalker
d) Herr Schneider
e) (*eigener Vorschlag*):

Kapitel 18

Was passiert zu welcher Uhrzeit? Ordnen Sie die Sätze den Uhren zu.

Viertel vor neun	zwei vor neun	fünf nach neun	neun nach neun

a) Frau Bär sieht sich kurz um und verschwindet durch die Seitentür im alten Kinogebäude.
b) Tsara bezahlt sein Bier.
c) Der Mann schließt eine Seitentür des Theaters auf und geht hinein.

d) Veronika Bär kommt. Sie trägt etwas Schweres in ihrer Handtasche.

e) Carsten Tsara geht in die Kneipe gegenüber und bestellt ein Bier.

f) Frau Bär versucht, die Tür des Haupteingangs zu öffnen.

g) Tsara sucht das Haus mit der Nummer 17 und stellt fest: Es ist das alte Kinogebäude.

h) Veronika Bär kommt nicht.

i) Vor dem Theater hält ein Kleinbus und ein Mann steigt aus.

Kapitel 17 und 18

Womit vergleicht Tsara den ‚Fall Bär' in Kapitel 17 und 18? Nennen Sie zwei Vergleiche.

1. _____

2. _____

Kapitel 19

Was passiert in dem Kapitel? Bringen Sie die Sätze in die richtige Reihenfolge.

▦ a) Veronika Bär ist nicht mehr da.

▦ b) Veronika Bär zielt mit der Pistole auf Tsara, und Tsara schließt seine Augen.

▦ c) Tsara muss plötzlich weinen.

▦ d) Veronika Bär und Christian Eisenreich streiten um das Geld.

▦ e) Freunde, Kollegen und Unbekannte singen ein Geburtstagslied für ihn.

▦ f) Tsara öffnet die Augen.

▦ g) Frau Bär erschießt Christian Eisenreich.

▦ h) Plötzlich öffnet sich ein Vorhang, und Tsara blickt in einen Zuschauerraum.

A Der ganze ‚Fall Bär' war ein Theaterstück zu Tsaras Geburtstag. Wer hat in dem Stück was gemacht? Ordnen Sie zu (zu manchen Personen passen mehrere Aussagen):

1.	Verena Müller	a)	hat den Fingerabdruck auf dem Foto gemacht
2.	Ulla (Veronika) Bär	b)	hatte die Idee mit dem Fall „Johann Schwab"
3.	Andreas Gastl	c)	hat das Haus von dem Rechtsanwalt organisiert
4.	Kollege Walter	d)	hat alle Fotos gemacht
5.	Herr Schneider	e)	hatte die erste Idee
6.	Willi	f)	ist Schauspieler und hat den Unternehmer Schneider gespielt
		g)	war der anonyme Anrufer
		h)	hat Regie geführt

B Was denkt Carsten Tsara jetzt über sein Alter und seinen Beruf? Unterstreichen Sie im Text.

C Carsten Tsara denkt: „O je, das erste Bild fürs vierte Album!". Was meint man, wenn man ‚o je' sagt? Kreuzen Sie an:

▧ a) ‚O je' bedeutet ähnlich wie ‚au ja': „super!"

▧ b) ‚O je' ist eine Dialektform für „Auf jetzt" und bedeutet: „Los jetzt!" / „Mach schnell!"

▧ c) ‚O je' bedeutet ähnlich wie ‚o nein!': „Das finde ich nicht so gut."(Jedoch oft nicht so ernst gemeint.)

Lösungen

KAPITEL 1

A 1c / 2a / 3d / 4b
B Carsten Tsara Bild 1   die Sekretärin Bild 2

Kapitel 2

S	11	a)
T	2	b)
S	3	c)
T	12	d)
S	5	e)
S	9	f)
T	6	g)
S	7	h)
T	10	i)
S	1	j)
T	8	k)
T	4	l)

Kapitel 3

A S. 5 / Zeile 2–4: Seit seine Chefin ihm den ‚Fall Schneider' aufs
Auge gedrückt hat, macht ihm die Arbeit überhaupt keinen
Spaß mehr.
S. 5 / Zeile 19/20: Ich hasse Papierkram!
S. 5 / Zeile 23/24: Warum gibst du ausgerechnet mir diesen
langweiligen Schreibtischjob?
S. 5 / Zeile 27: Nein, ich will .... ich kann nicht!
S. 5 / Zeile 32/33: Ich fange morgen an, hat er gedacht.
S. 6 / Zeile 14/15: Es ist ja nicht nur die langweilige Arbeit, die
so nervt!

B *Lösungsvorschlag:*

seine Zukunftsvorstellung mit 20 Jahren	*sein Leben mit 35 Jahren*
– spannender Beruf	– langweiliger Beruf
– große Erfolge	– keine großen Erfolge
– schnelle Karriere	– keine Karriere
– glückliches Privatleben	– nicht verheiratet / keine Freundin / keine Kinder

Kapitel 4

A c)

B S. 7 / Zeile 18/19: Ein Stalker? Wow! Das klingt endlich mal nach einem interessanten Fall.

S. 8 / Zeile 24: Aber nein, denkt Carsten Tsara. Das klingt spannend.

S. 8 / Zeile 28/29: „Schwierig? Also, ich finde die Sache ganz einfach."

S. 8 / Zeile 25: Barbara Hendriks und Carsten Tsara melden sich.

S. 9 / Zeile 3/4: „Na, dann ist ja alles klar", freut sich Carsten Tsara.

S. 9 / Zeile 16/17: Bin ich im falschen Film, oder was?

C *Lösungsvorschlag:* Verena Müller glaubt nicht, dass Tsara schon viel am ‚Fall Schneider' gearbeitet hat. Er hat also wahrscheinlich keine Zeit für einen neuen Fall.

Kapitel 5

A c) d)

B Er hat bei der Besprechung ihre Adresse auf dem Briefumschlag gesehen.

C Tsara geht zum Kiosk und kauft (*ein Päckchen Kaugummi*) ~~eine Zeitung, damit er die Villa unauffällig beobachten kann~~. Dann fällt ihm der Swimmingpool ein. Er geht zur Villa und (*steigt auf ein Fahrrad*) ~~klettert über die Gartenmauer~~, damit er den Swimmingpool sehen kann. Danach geht er wieder zurück zum Park. Er kauft sich am Kiosk (*eine Zeitung / einen*

70

Abendkurier) ~~eine Packung Zigaretten~~ und fragt den Verkäufer, ob er etwas Seltsames beobachtet hat. Der Verkäufer (*öffnet kurz den Mund, macht ihn aber gleich wieder zu*) ~~antwortet: „Ich schließe gleich. Danach können wir uns in Ruhe unterhalten."~~ Die Zeit vergeht nur langsam, und Carsten Tsara wird es kalt. Es wird dunkel ~~und in dem Zimmer hinter dem Balkon geht ein Licht an.~~ (*Eine halbe Stunde vor Mitternacht*) ~~Um Mitternacht~~ fährt ein roter Sportwagen die Parkallee entlang. (*Das Auto fährt in die Garage.*) ~~Das Auto hält vor dem Haus von Frau Bär.~~ In dem Wagen (*ist Frau Bär.*) ~~sitzt ein Mann und beobachtet das Haus.~~

Kapitel 6

A c) e) g)
B b)

Kapitel 7

A b)
B 1. Der Fingerabdruck ist von einem Kriminellen, der Johann Schwabe heißt.
2. Johann Schwabe war ein Betrüger.
3. Johann Schwabe lebt nicht mehr.
4. Er hat sich vor einem Jahr im Untersuchungsgefängnis das Leben genommen.

Kapitel 6 und 7

herzlich / freundschaftlich / fröhlich / freundlich / locker / vertraut / humorvoll ' / nett

Kapitel 8

A Antwort 1: Nicht richtig, weil er sich im Untersuchungsgefängnis das Leben genommen hat.
Antwort 2: Nicht richtig, weil Carsten Tsara auf dem Bild ist.
B a)

Kapitel 9

A Erster Artikel: 22. September
Johann Schwabe: Kaufmann – hat wahrscheinlich Banken betrogen – bisher nicht vorbestraft – 57 Jahre alt – in Untersuchungshaft
Christian E.: mehrfach vorbestrafter Glücksspieler
Geld: 18 Millionen Euro – von dem Geld fehlt jede Spur – nur ein paar Tausend Euro gefunden

Zweiter Artikel: 4. Oktober
Johann Schwabe: hat sich das Leben genommen – Polizei hatte Beweise für seine Schuld
Christian E.: auf freiem Fuß – Polizei hatte keine Beweise für seine Schuld
Geld: (keine Informationen)

Dritter Artikel: 30. März
Johann Schwabes Unternehmen: musste wegen großer Verluste geschlossen werden
Christian E.: (keine Informationen)
Geld: Polizei kann 18 Millionen Euro nicht finden

B

Kapitel 10

a) Fingerabdruck / Stalker
b) befreundet
c) kennt / Geliebte
d) Glücksspielen / betrogen
e) 18 Millionen / reich
f) Herr Eisenreich

Kapitel 11

1c / 2a / 3b / 4d

Kapitel 12

A *Lösungsvorschlag*:

Donnerstag
– Mit Herrn Schneider
  telefoniert
– Besprechung über
  ‚Fall Bär'
– Villa von Frau Bär
  beobachtet

Freitag
– Fingerabdruck bei Kriminalpolizei identifiziert
– Im Archiv vom *Abendkurier*
  Berichte über den Millionen-
  betrug nachgelesen
– Arbeitsbericht angefangen
– mit Herrn Eisenreich telefoniert
– mit Frau Bär telefoniert und zu
  ihr gefahren

B c)

Kapitel 13

A 1. Terminkalender / 2. Schranktür
B Beretta 92 / Munition

Kapitel 14

A *Lösungsvorschlag*:

Christian Eisenreich
– kennt sie nicht

Johann Schwabe
– sie war seine
  Geliebte
– Beziehung war
  schon vorbei,
  als Schwabe
  kriminell wurde

der Stalker
– psychisch kranker
  Typ von früher
– war jahrelang im
  Ausland
– war eifersüchtig
  auf Tsara

73

B b)

a) nein; b) nein; c) ja; d) nein; e) nein; f) nein

Lösungsvorschlag: Tsara fährt nach dem Frühstück zu seinen Eltern. Dort packt er zuerst Geschenke aus, danach gibt es rheinischen Sauerbraten und Schoko-Nusskuchen zum Essen. Sein Vater macht Fotos von ihm und Tsara sieht sich alte Fotoalben an.

A a) Der Kaminkehrermeister ist es nicht, weil er seit zweiundzwanzig Jahren tot ist.

b) C. Eisenreich ist es nicht, weil sie eine Frau ist.

B *freie Lösung*

1. Viertel vor neun: g) e)
2. zwei vor neun: i) c) b)
3. fünf nach neun: h)
4. neun nach neun: d) f) a)

1. Gangsterfilm / 2. Theaterstück

1 d); 2 g); 3 b); 4 f); 5 a); 6 h); 7 e); 8 c)

A 1 c), e); 2 h); 3 b); 4 a), d), 5 f); 6 g)

B S. 42 / Zeile 16/17: Ist es nicht einfach herrlich, ein fünfunddreißig Jahre alter Privatdetektiv zu sein?

C c)